ANCIENT INDIA

古印度

南亚次大陆的文明之光

郭子林 ◎ 主编

石油工业出版社

图书在版编目（CIP）数据

探索古文明．古印度 / 郭子林主编．— 北京：石油工业出版社，2020.10

ISBN 978-7-5183-3962-4

Ⅰ.①探… Ⅱ.①郭… Ⅲ.①文化史–印度–古代–青少年读物 Ⅳ.① K103-49

中国版本图书馆 CIP 数据核字（2020）第 071418 号

探索古文明：古印度
郭子林 主编

出版策划：王　昕　黄晓林
责任编辑：曹敏睿
责任校对：郭京平
出版发行：石油工业出版社
　　　　　（北京安定门外安华里 2 区 1 号楼　100011）
　　　　　网　　址：www.petropub.com
　　　　　编辑部：（010）64523616　64252031
　　　　　图书营销中心：（010）64523731　64523633
经　　销：全国新华书店
印　　刷：北京中石油彩色印刷有限责任公司
2020 年 10 月第 1 版　2020 年 10 月第 1 次印刷
710×1000 毫米　开本：1/16　印张：13.5
字数：180 千字
定价：49.00 元

版权所有，翻印必究
如出现印装质量问题，我社图书营销中心负责调换

前言

在巍峨的喜马拉雅山南麓，印度河与恒河分流西东，一个形似三角形的巨大半岛深入海洋，这便是孕育古代印度文明的神秘土地。作为世界四大古文明之一，古印度文明犹如一颗璀璨的明珠照耀在世界的东方。

古印度三面临海，一面背山，犹如一块独立的大陆。这样的地理环境使得古印度虽然与外界交流不断，却又保持了自身独特的文明特征。哈拉巴文明遗址中发达的城市建设体系，让人很难想象这是距今4000多年前的人类杰作；《摩诃婆罗多》与《罗摩衍那》两大享誉世界的史诗，集中展示了古印度绮丽的文化传统与民族风情；数不清的宗教哲学派别更是体现了古印度人深邃的思想与精神世界；还有那些多彩的雕塑、神秘的石窟、怪诞的神话、晦涩的佛经……无一不表现着古印度文明的独特魅力！

在古印度社会制度中，种姓制度最具特色。它年代久远、等级森严、阶层固化，堪称人类等级制度之最。在民主自由思想照耀全世界的今天，印度共和国虽然在法律上早已废除了种姓制度，但曾经深入骨髓的种姓制度观念还未能完全从印度人的思想中抽离。

列国时代的分裂与多样，孔雀王朝的统一与强盛，还有黄金时代的笈多王朝，昙花一现的戒日王朝……灿烂辉煌的古印度文明吸引了无数古文明爱好者的目光。不过，古印度文明又如此令人费解：重宗教精神而轻历史记录、屡遭入侵却波澜不惊、博大精深但踪迹难寻……凡此种种使古印度的历史犹如珠帘锁雾，给人无限遐想。因此，她不断激发着我们的好奇心，引导我们去探寻古印度众多未解之谜……

释迦牟尼坐像

释迦牟尼,原名乔答摩·悉达多,出生于古印度刹帝利种姓富有家庭。为拯救众生,他毅然出家,在菩提树下悟道。后云游四海,教化众生,宣传教义,创建佛教。佛教在世界范围内影响尤为广泛,远在印度尼西亚的这座雕像就是很好的印证。

印度教创造之神梵天

梵天在印度神话中是宇宙的创造者,因而被奉为"创造之神",在印度教三大主神中的地位最高。梵天有四张脸、四只手,坐骑为孔雀。印度寺庙中供奉梵天的很少,但在东南亚地区他却极受欢迎,被称为"四面佛"。

印度教寺庙

这座寺庙以一个名叫"Lad Khan"的人命名,建于公元5世纪,是极为古老的印度教寺庙,位于今天印度的卡纳塔克邦。寺庙具有印度教早期建筑的简陋石窟风格。

湿婆雕像

湿婆是印度教三大主神中的"毁灭之神",额头上的第三只眼睛是他最强大的武器。这一只眼睛能发出毁灭宇宙间所有东西的神火。湿婆具有复杂的性格和不同的形象:他既是毁灭者,又是生殖力量的象征;既是禁欲的伟大苦行者,又是欢乐的舞蹈之王。

印度教三位女神

"毁灭之神"湿婆的妻子帕尔娃娣,被称为生殖女神;"维护之神"毗湿奴的妻子,是吉祥天女,主财富和吉祥;"创造之神"梵天的妻子娑罗室伐底,被称为文艺女神。三位女神的形象都丰满而美丽。

目录

第一章

追踪文明演进的步伐

古印度文明的源头 / 2

神秘的哈拉巴文化 / 6

列国时代 / 14

摩揭陀称霸恒河流域 / 17

波斯和马其顿的入侵 / 19

强大的孔雀王朝 / 22

贵霜王朝 / 27

笈多王朝 / 31

戒日王——最后的统一者 / 34

第二章

神秘的民族风情

古印度人对美的追求 / 38

日常娱乐与饮食风俗 / 40

古印度的家庭婚俗与性文化 / 46

古印度妇女的命运 / 50

种姓制度 / 57

专题:多姿多彩的节日 / 62

第三章

古印度人的神灵世界

婆罗门教 / 70

耆那教 / 74

博大精深的佛教 / 77

印度教 / 81

意蕴深远的印度哲学 / 86

佛祖传说 / 90

古印度佛教诸神 / 96

佛教和婆罗门教的关系 / 103

专题：玄奘西游 / 108

第四章

繁花似锦的艺术成果

庄重优美的宗教建筑 / 116

古印度的早期雕塑 / 120

艺术圣地——阿旃陀石窟 / 125

阿育王石柱 / 129

神秘的古印度建筑——窣堵波 / 135

古印度的音乐和舞蹈 / 143

古印度绘画 / 146

东西方艺术的联姻 / 152

专题：印度人的瑜伽功 / 156

第五章

捡拾失落的文明

"哈拉巴"的发现 / 162

雅利安人 / 166

阿育王其人 / 170

古印度的梵语 / 176

迦腻色迦王 / 180

古印度神话 / 185

吠陀的诗篇 / 190

古印度的史诗 / 192

独树一帜的古印度科技 / 198

第一章

追踪文明演进的步伐

　　古印度文明拜印度河这条源自雪山、归于大海的河流所赐，最早在哈拉巴拉开序幕。哈拉巴发达的城市文化为古印度文明创造了一个高的起点，即使出现一定程度的断裂，古印度社会仍继续在躁动中演进。古印度经历了自身的繁荣、外族的入侵、列国的纷争、帝国的崛起，在抗争与融合、分裂和统一之间叙写着不平凡的历史。

古印度文明的源头

列国时代

探索古文明 古印度

古印度文明的源头

约 200 万年前

喜马拉雅山横卧北疆,印度河水流经西南,恒河沙珍珠无数,无忧树诞育佛陀,古印度文明璀璨瑰丽。一匹白马一位僧人,西天取经的故事广为传颂,古印度在我们听来并不陌生。但要细说佛教思想的孕育源流,充满地域风情的民族文化,以及她的宗教哲学、雕刻艺术,又使我们感到如纱在面,隔雾看花;若想要一睹这古老国度既熟悉又神秘的古文明源头,那就随我们一起去探寻一番吧!

古印度概况

"印度"一词由"信德河"而得名。"信德"出自印度的梵文,意为"海洋、江河","信德河"就是现在的"印度河",所以印度最初指印度河流域这个地理名称,后来才逐渐包括恒河流域以至整个南亚次大陆。古波斯语将"信德"变为"印督",古希腊人在亚历山大大帝统治的马其顿时期,又把"印督"改为"印度伊",在希罗多德的《历史》中,印度称为"印度斯",后来罗马沿袭了这个词。

古印度地处南亚,良好的气候和丰富的自然资源为人们早期的发展提供了得天独厚的条件。在印度次大陆这块土地上,适宜的气候条件加上印度河、恒河的滋养,使古印度早期农业得以顺利发展,也为人类文明的演进提供了足够的食物;另外,这一地区河流、湖泊密布,不仅提供了充足的水源,还孕育了丰富的鱼类资源;再者,繁茂的原始森林中栖息着各种野生动物,这些都为早

摩亨佐·达罗城市遗址

摩亨佐·达罗的含义是"死者之丘",它是印度河流域古文明鼎盛时期最具代表性的城市,有"古代印度河流域文明的大都会"之称。这座城市遗址在地下埋没几千年后,终于在20世纪被考古学家发现。

期的渔猎者提供了丰富的食物来源。以这些得天独厚的条件为基础,以印度河和恒河为中心的古印度文明逐渐形成。

远古居民的生产生活

目前亚洲最早的古人类遗址就是在印度博德瓦高原发现的,他们生活在大约200万年前,而且已经学会了制造石器。而同时期其他地区的人种尽管已经开始出现,但大多还并不会制造工具。在法国和巴基斯坦的联合考古行动中,在梅赫尔格尔镇发现了公元前7000年的农业定居点,与此同时,新石器也被

探索古文明 古印度

印度河流域远古居民的生活场景

欢迎来到古印度的超级市场！

发现，包括用于收割小麦的石镰等精致石器。除了用于劳作的工具之外，还发现了陶器，这些陶器在当时来说已经相当精美。

> 公元前4000年前后，泥质的房屋在古印度已经很普遍，大麦和小麦的种植也很广泛。

公元前4000年前后，泥质的房屋在古印度已经很普遍，大麦和小麦的种植也很广泛。而且，这个时期出现了彩陶，这些彩陶有一些简单的花纹。同时期出土的墓葬陪葬品中也发现了大量以绿松石、珍珠、玛瑙等穿成的珠链和玉坠,可见古印度人的服饰文化已经达到了一定高度。"仓廪实而知礼节",粮食充沛了,不仅可以知礼节,还可以让人有爱美与欣赏美的时间和意识。可以想象当时古印度已经具备了向文明过渡的一些条件。

随着工具、文化和人口等方面的发展,公元前 2500 年前后,古印度的第一个文明高峰——哈拉巴文化到来了。

印度岩画

印度岩画是印度史前时期的岩穴壁画。1880 年,在今印度北方邦的米尔扎布尔发现了大约属于旧石器时代晚期的岩画,这些岩画内容丰富,主要反映了狩猎、舞蹈和战斗的场面。印度最大的岩画群位于印度中央邦的皮姆贝德卡地区,考古学家在这里发现了 270 多处史前岩画。

古印度并不是一个"国家"

你是否以为现代印度共和国的古代就是古印度?其实不然。由于古代历史上从未形成统一的印度国家,所以古印度只是一个地理概念,其范围包括今天的印度共和国、巴基斯坦、孟加拉国等地区。古印度人也并不称自己为印度人,而是婆罗多。古代波斯人和希腊人入侵印度河流域后,将印度河流域及其以东的广大地区统称印度。那时,中国还称其为天竺、身毒、信度等。后来,中国唐朝玄奘大师才译定为"印度"。

探索古文明 古印度

神秘的哈拉巴文化

约公元前 2500 年—公元前 1750 年

> 20 世纪初,在广袤的印度河流域,考古学家发现了一个巨大的地下"王国"。这个"王国"拥有两座精美的大城市——哈拉巴、摩亨佐·达罗,还有 200 多个小城镇和村庄;"王国"的文字刻在印章之上,含义至今成谜。很难想象,在距今 4000 多年前,这些城市竟然有公共浴池,有完善的排水系统,有精美而实用的石器和青铜器。
>
> 当现代人打开这个尘封已久的地下"王国",眼前呈现的不仅有古人劳作生活的器具,还有蓄含其智慧和思想的生活场景。这个地下"王国"就是哈拉巴文化,它如同一把钥匙,打开历史之门,将印度史前文明豁然呈送到我们眼前。

失落千年的地下王国——哈拉巴

20 世纪初,人们普遍认为,在印欧语系民族到来之前,印度无史可言。1922 年,考古学家在印度河流域偶然发现了一处奇特的文化遗址,这一遗址的发现把印度的历史提前了 1500 年左右。经过数十年的发掘研究,整个印度河流域目前已发现大小城镇遗址 200 余处,其范围西起伊朗边境,东近德里,北及喜马拉雅山麓,南临阿拉伯海,占地约 130 万平方千米,呈巨大的三角形状。这一文化以南部的摩亨佐·达罗和北部的哈拉巴为中心,习惯上统称为哈拉巴文化。

哈拉巴文化的主要经济活动是农业生产,现已发现了当时所用的镰刀等农具。当时栽培的作物有大麦、小麦等。除田间作物以外，椰枣、果品也是人们常用的食物。当时人们已经能够驯养牛、山羊等动物及各种家禽。哈拉巴文化遗址中不仅有许多石器，也发现了大量铜器。人们还掌握了对金银等金属加工的技术，从出土的各种精美的手工艺品和奢侈品中，可以想象当时工匠的精巧技艺。制陶和纺织是哈拉巴文化的两个重要组成，遗址中染缸的发现，表明当时的古印度人已掌握纺织品染色的技术，纺织业与车船制造业等也已高度发展。城市的繁荣使哈拉巴文化的商业兴盛一时，不仅国内贸易活跃，国际贸易也比较频繁，大量考古发现，充分证明了哈拉巴文化与伊朗、中亚、两河流域、阿富汗，甚至与缅甸和中国也有过贸易活动。

◆印度河流域出土的哈拉巴文化时期的陶器，此时的陶罐主要是生活用具，和人们的生活密不可分。

发达的城市，多彩的印章

哈拉巴文化的重要特征就是城市。这一时期的政治组织或许以一座或几座城市为中心，结合周边的村镇而形成，很像西欧后来形成的城堡国家，但不是严格意义上的国家。哈拉巴、摩亨佐·达罗和甘瓦里瓦拉是当时最大的3座城市。尤其是哈拉巴与摩亨佐·达罗两处城市遗址，规模都相当大。居民大约有4万人，街道布局整齐，纵横相交，房屋一般用砖建造，并有良好的排水设备。

在这些城市遗址中并没有发现规模恢宏的王宫式建筑，因此可以断定当时还没有形成至高无上的王权。在遗址中发现了很多印章，这些印章的图纹以独角兽和公牛居多。一方

探索古文明 古印度

作为一头牛，我是不是有点抽象？

公牛岩画

面因为在哈拉巴文化时期，牛已经成为人民生活的经济基础，成为人们崇敬的一种动物；另一方面考古学家认为这是图腾崇拜的一种，与独角兽一样。当时存在的最为重要的两个氏族就是公牛氏族和独角兽氏族，他们可能是氏族部落中的领先部落。考古学家在这些城市中还发现了一些用于战斗的兵器，毛第默爵士在这些城市遗址中发现了一些类似军营的建筑，因而考古学家认为当时存在军事组织。

这些情况说明，社会上已有财产的不平等和阶级的对立现象，已经存在依靠剥削养尊处优的统治者。哈拉巴文化已经创造了自己的文字，主要存留于各种石器、陶器、象牙质的印章上，这些文字符号有象形的，亦有用方、圆等几何图案组成的，一般认为属于达罗毗荼语族，至今尚未成功释读。

哈拉巴文化已经是当时世界上领先的城市文明。摩亨佐·达罗城里的街道大部分是东西向和南北向的直路，呈平行排列，或直角相交。主要街道宽达10米，下面有排水道，用拱形砖砌成，形成了一个独特的排水系统。

古城里的建筑物都用火砖砌成。在这里，人们能看到5000年前留下来的

第一章 追踪文明演进的步伐

高达7.5米的断垣残墙。住宅大小不等，小住宅只有两间房，大住宅里有大厅和许多间房屋。凡是多房间的住宅都有几间面向中央庭院，另有一扇侧门通向小巷。在这些住房中间，最突出的是一幢包括许多间大厅和一个储存库的建筑物。它可能就是当时摩亨佐·达罗城首领居住的地方。

另外，还有不少两层楼房屋，下层是厨房、洗澡间，上层是卧室。这些显然是有钱有势人家的住宅。不过，迄今还没有发现，或者还无法证明，哪一座建筑是宫殿或神庙。古城里发现过一些带有很多装饰品的小型裸体人像。据推测，这也许是一种吉祥的象征物。

古城里大多数的住宅都有水井和整洁的浴室，而且有一条修得很好的排水沟，以便把废水引入公共排水渠中。大小住宅多半都在外墙里面装有专用的垃

大浴池复原图

摩亨佐·达罗大浴池结构合理科学，其供水和排水系统设计巧妙。这是根据资料所绘的大浴池复原图。

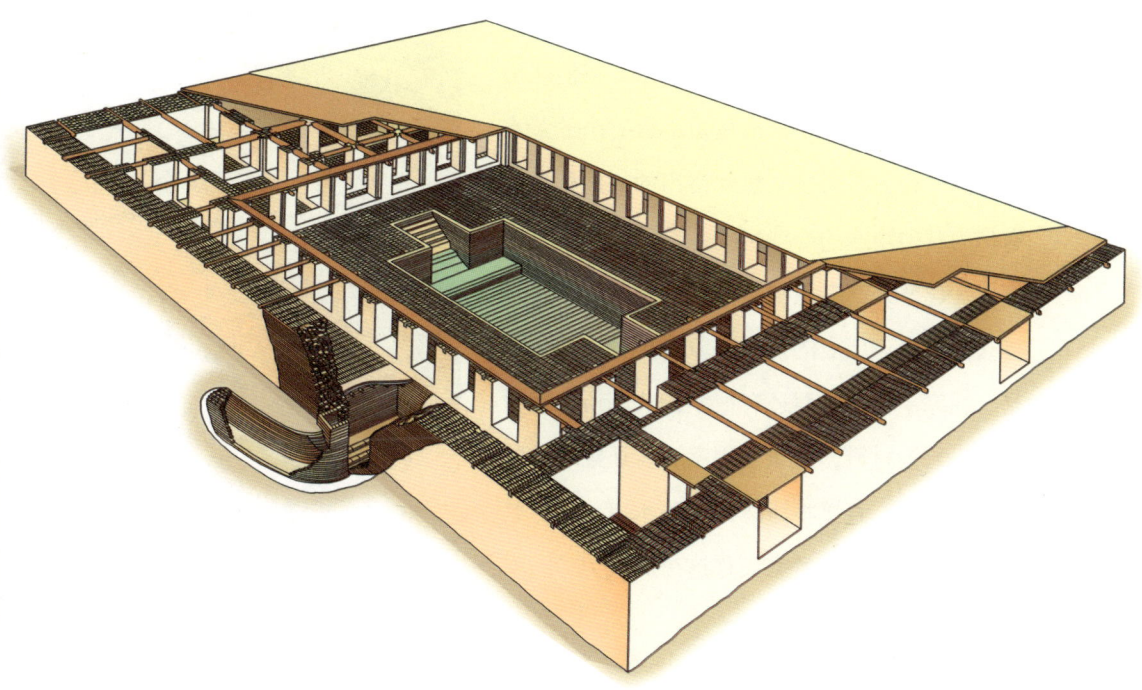

探索古文明 古印度

🌀 哈拉巴文化时期城市里已有良好的排水系统，城市非常整洁卫生。

圾滑运道，居民们可以把废物倒进滑运道，滑到屋外的街边小沟，小沟又连接下水道系统。这样复杂的污物和污水处理系统出现在上古时代，足以让人相信当时的城市是多么繁荣。

古城的居民特别爱清洁。城里最突出的建筑物就是一个大澡堂。澡堂里的大浴池呈长方形，长40米，宽约20米。浴池南北两端有阶梯，有一条一人高的排水沟可以随时把废水排出浴池。澡堂内一个房间里有一口椭圆形水井，大概是给浴池供水的。浴池底部和四周的砖块都用石膏灰浆砌合，外面涂上一层沥青，然后再砌一层砖块，以防漏水。浴池北面有一连串小浴室。每个浴室里都有一个放置水罐的高平台，看来是洗热水浴用的。此外，还有作为其他用途的一些房间。这座大澡堂是摩亨佐·达罗人高度重视清洁卫生的标志，也是首次见于南亚历史的一种现象。更令人惊讶的是，在摩亨佐·达罗还有很多蹲式厕所，这种厕所以砖为材料，建筑坚固整齐，还建有排除粪便的水槽，直接将污物冲入下水道，十分整洁卫生，因此考古学家又称这个时代为"清洁时代"。

第一章 追踪文明演进的步伐

哈拉巴陨灭之谜

哈拉巴文化来得突然，去得更突然，在后来的印度文献中对它几乎只字未提。关于哈拉巴文化衰落的原因，学者们提出了许多假说。其中一种是外族入侵说。这种学说认为，公元前1750年前后，一批外族人，也就是后来的雅利安人，出现在印度河流域。在当地人与雅利安人激烈的对抗中，城市遭到毁灭性的破坏。摩亨佐·达罗的破坏表现得尤为明显，在遗址中保存了大量被杀戮的男女老幼的遗骨。在哈拉巴卫城同样有被破坏的痕迹。目前多数学者依旧认为此次破坏活动为雅利安人所为，但缺乏足够令人信服的证据。因为据较为确切的记载，雅利安人入侵古印度的时候，哈拉巴文化已经消失了，同时在哈拉巴文化鼎盛时期，雅利安人的一些习俗已经在他们的城市中出现了，因此雅利安人没有必要完全毁灭这种文化形态。

第二种说法就是自然生态变迁说。这种说法认为，文明的破坏应归因于自然灾害，如大规模的沙漠化、地震、洪水的灾害都会引起生态的巨大变化。尤其是关于洪水的说法，有的学者认为当时的洪水毁灭了城市，侥幸生存的古印度人只能在洪

历史档案馆

雅利安人

雅利安人是世界三大古游牧民族之一。另外两个分别是阿尔泰语系游牧民族和欧罗巴游牧民族。雅利安人原是高加索山以南及中亚草原上的一个古老民族，使用印欧语系的语言。雅利安人分成若干支从这里向欧洲和亚洲迁移。其中，一支雅利安人在中亚的阿姆河和锡尔河之间的平原上定居下来，大约公元前14世纪，他们中的一支南下进入印度西北部，这就是印度雅利安人；另一支则进入伊朗高原地区，称伊朗雅利安人。在印度，他们征服土著居民，创造了吠陀文化，并建立了种姓制度。

第一章 追踪文明演进的步伐

摩亨佐·达罗城市遗址

为了方便排水和预防洪灾，摩亨佐·达罗的城市街道建得很高。

水退去后的泥沙上重新建设家园，但是文明形态已经倒退了几百年，无法恢复哈拉巴鼎盛时期的文明形态了。

第三种说法认为由于哈拉巴文化的自身缺陷导致其衰落乃至消失。这主要表现在农业过分依赖于河流的补给。城市进一步发展需要农业的扩大再生产，但是当时还没有形成现代农业的经营策略，只能通过扩大耕地面积来解决。农业远离河流以后便无法生产，这样一来，人口开始减少。这种说法有一个极大的漏洞，就是不能解释一种"情理"，即在这种状况下，哈拉巴文化至少可以保持不往前发展，却绝不至于突然消失，故而很少有人采信这种说法。

不管怎么样，这些都是假说，没有找到切实的证据。总之，在哈拉巴文化突然消失以后，印度文明出现了短期的暂时性倒退，之后雅利安人到来了，他们创造了印度历史上又一个文明高峰。

探索古文明 古印度

列国时代

公元前6世纪—公元前4世纪

公元前6世纪—公元前4世纪，裂旧变新，战乱纷争，思想交汇，此时的古印度是怎样的风貌呢？据文献记载，当时的古印度部落林立、列国纷争，佛陀住世、创教说法，纷乱中迸发智慧，征伐中走向统一，史称"列国时代"。

群雄并立的时代

顾名思义，"列国时代"就是诸国林立的时代，它是指公元前6世纪—公元前4世纪这段时期，因为佛教产生于这一时期，因此又被称为"早期佛教时代"。在这个时期里，诸多分立的小国逐渐向着一个统一的大帝国演进。

列国时期，各个国家的政体并不完全相同，但大部分是君主制或共和制。共和国的形式也不一样，有单一的部落，也有部落联盟，但是一般都有公民大会或贵族议事会这样的机构。有些小国的政治制度还很原始，处于军事民主制时期，有部落首领、长老大会和民众大会，权力往往集中于公民大会。而在君主国中，君主专制逐渐形成，国王掌握了政治、经济、法律和军事大权，他任命一些官吏来辅佐自己管理国家。佛经中还经常提到一些国王为所欲为，以致激起民愤，爆发起义的事情。有些较大的君主国还在被征服地区设立副王。在整个列国时代，这两种政治体制并存，但君主制有逐渐取代共和制的趋向。

政治与经济的发展

列国时代，社会生产力有了很大的提高，这主要归功于铁器的广泛使用。但是，农业生产仍占主要地位。

恒河地区的自然环境十分有利于农作物的生长。农业的发展又相应地促进了手工业和商业的发展。手工业的专门化有了相当的发展，当时手工匠人的分工已经比较细致。商业在各座城市中兴盛起来。当时有八座著名的城市：王舍城、吠舍离城、舍卫城、阿逾陀城、波罗尼斯城、赡波城、乔赏弥城和口旦叉始罗城。货币交换代替了物物交换，表明商品经济已经发展到了一定的水平。

在这样的社会经济背景之下，列国时代出现了明显的贫富分化现象。种姓制度严格地将社会分成几个等级：婆罗门、刹帝利、吠舍和首陀罗。种姓只能代表一种天生的血缘地位，不能反映出实际的经济地位。在四个种姓的内部均出现了分化。婆罗门原来是不从事生产的，但在这一时期，也有一些婆罗门开始从事农业。他们中的一些人成为大奴隶主，而另外一些人则变成了贫困的小农，或者从事他们以前看不起的各种行业。刹帝利种姓也是如此，以国王为代表的贵族通过不断的对外战争，积累了大量的财富，并且在国家中的重要性增强。但是也有些人地位下降，从事低等职业。而作为平民的吠舍，他们中间却有一部分人经商致富，拥有了大量的土地和财富，成为新的地主。因此，许多人的实际经济地位和种姓制度发生了冲突，很多富有的人处于低级种姓，他们要求与其经济地位相称的政治地位。正因为如此，社会上出现了反种姓制度和婆罗门教的思潮，佛教就是在这样的背景下产生的。佛教强调"众生平等"，这迎合了那些要求地位提升的低级种姓者的要求。

古印度北部居民所使用的鱼叉。不过经研究发现，这样的鱼叉并不十分适合捕鱼，考古学家认为这是古印度人用于宗教仪式的器具。

探索古文明 古印度

婆罗门是古印度社会中最崇高的种姓，由于职责和地位的特殊，可享有许多特权。

摩揭陀称霸恒河流域

公元前 5 世纪—公元前 2 世纪

　　熟悉佛教典籍的人对摩揭陀应该不会感到陌生，这个频繁出现在佛经中的名字是古印度列国时代的十六强国之一。摩揭陀国地处恒河中游，土地肥沃，物产丰富，很快便称霸恒河流域，成为当时的强国。由于摩揭陀国的强盛，此后的一千多年间，恒河中游一带长期被视为古印度的政治文化中心。摩揭陀国王频毗沙罗皈依佛教，成为佛教强有力的支持者，释迦牟尼因而常在摩揭陀国传道说法。也因此，频毗沙罗王被佛经所记载，成了摩揭陀国第一位后人所确知的国王。

不和的金苹果

　　列国时期，国家之间经常发生战争，他们主要是为了争夺土地、水资源和霸权，在争雄过程中摩揭陀王国脱颖而出。其统治者频毗沙罗王时期是摩揭陀的兴起时期。"摩揭陀"一词是"行吟诗人""商人"的意思。摩揭陀以此命名国度，大概该国的诗歌和商业在当时很发达。在摩揭陀不仅有雅利安人，还有原来就居住在这里的土著人。摩揭陀地理位置优越，矿产资源丰富，铁很快就成为制造农业工具和军队武器的主要材料资源，这一条件为它的称霸提供了必要的物质基础。

　　摩揭陀王国在难陀王朝时期达到了鼎盛，在公元前 400 年前后完成了恒河流域的统一，它的领土包括整个恒河流域和印度河流域的一部分，以及中印度的一部分，成为当时古印度列国中最强大的一个国家。在政治、经济、军事方

探索古文明 古印度

面,摩揭陀获得了前所未有的发展,它政治开明、经济发达。由于摩揭陀连年征战,军事实力一直比较强大。到了难陀王朝时期,由于大规模的征伐取得了一系列的成果,军事力量也与日俱增。据记载,当时难陀王朝的军队中,步兵已经达到了20万,还有几千头战象、数万辆战车,武器也变得种类繁多。

在古代,我就是坚不可摧的主战坦克。

🌀 大象有时候会被古印度人用作战斗时的坐骑。在古印度的军队中还有战象编队,这种象兵令敌人望而生畏。

波斯和马其顿的入侵

公元前6世纪—公元前4世纪

打开世界地形图,你会发现古印度的地理环境得天独厚。其东、西、南三面环海,北面和东北面为高山丛林,只有西北一带的几个山口可与外界交流,因此被称为南亚次大陆。这样的地理环境本来易守难攻,可惜古印度历史上长期小国林立,极少形成强有力的中央集权国家,这就为外来民族的入侵提供了便利。早在列国时期,波斯帝国便占领了西北印度河流域的一些地区;后来波斯帝国被马其顿国王亚历山大灭掉,印度河一带又成为亚历山大帝国的一部分。

列国时代,诸多小国并存,力量分散,这就给外族入侵提供了机会。特别是西北印度河流域,由于经济发展滞后,军事实力较弱,先被波斯占领,后来由马其顿统治。

波斯人和雅利安人是同根同祖的人群,他们进入伊朗高原以后,开始称呼自己为波斯人,公元前6世纪中期,建立了阿契美尼德王朝。该王朝建立以后就开始了大规模的对外侵略。在波斯帝国大流

这尊浮雕再现了公元前522年大流士一世在波斯波利斯城登基的场景。他右手紧握国王的节杖,左手拿着王室的标志双苞荷花,神态庄严而凝重。

骁勇善战的亚历山大大帝

亚历山大是历史上富有戏剧性的人物之一。作为战士,他智勇双全;作为将军,他无与伦比。在多年的奋战中,他从未打过一次败仗,他还是哲学家亚里士多德的学生,喜读荷马诗歌。

士时期,波斯开始了对西北印度的进军,他们很快就征服了那里,并设立了行省,将那里变为波斯帝国的一个组成部分。波斯帝国末期,波斯衰落,马其顿兴起,因此西北印度借机恢复独立,又成立了很多小国。但是好景不长,这些小国很快就被马其顿所消灭,它们又被纳入马其顿的版图之中。

马其顿王国在亚历山大大帝的统治下,成为地跨欧亚非的大帝国,它的强大与荣光超过波斯。亚历山大大帝率领强大的军队用了不到10年时间就消灭了曾经辉煌一时的波斯帝国。公元前4世纪末，亚历山大大帝率领军队入侵西北印度，尽管当时有一些国家进行了激烈的抵抗，但是大多数国家很快就臣服于强大的马其顿。亚历山大大帝征服西北印度以后采取了分而治之的政策，有的地区直接由马其顿统治，有的地区则由原来的国王统治，但是要派遣马其顿总督加以监视。

波斯和马其顿占领西北印度以后，在经济上和文化上与印度之间进行了密切的交流与融合。波斯时期，古印度与波斯的商品贸易活动频繁，在度量衡和使用的文字以及货币上都产生了趋同的倾向。波斯人甚至在石壁上刻铭文表功的方式也被古印度人学会。马其顿尽管在西北印度统治时间很短，但它所带来的影响却是深远的。亚历山大大帝在征服西北印度的过程中派人记录了古印度的文化和经济状况，回到国都以后，将古印度文明介绍给了西方，促进了东西方的交流。

历史档案馆

征服世界的亚历山大大帝

在古希腊诸城邦的偏远北部，有一个马其顿国。年轻的亚历山大在20岁时继承了父亲的王位，成为马其顿国王。此时，希腊各城邦普遍衰落，亚历山大顺势统一了古希腊，并开始东征庞大的波斯帝国。亚历山大以摧枯拉朽之势，仅用10年时间就灭掉了统治东方广大地区的波斯帝国，兵锋直指古印度。亚历山大征服了当时西方人已知的几乎整个世界，建立了版图最大的帝国，古印度西北部也成为其一部分。不过，亚历山大33岁便英年早逝，其帝国也随之四分五裂。

探索古文明 **古印度**

强大的孔雀王朝

约公元前321年（一说"公元前324年"）—约公元前187年

三只雄壮的金色狮子背对背站立在圆形台基上，这便是现代印度共和国的国徽图案。该图案来源于古印度孔雀王朝第三代国王阿育王所建的石柱，由此，孔雀王朝的影响力可见一斑。那么，你可知道孔雀王朝是由谁建立？王朝为何以孔雀为名？王朝的版图有多大？阿育王又是一个怎样的帝王？让我们带着这些问题，一起走进强大的孔雀王朝。

孔雀王朝的建立

列国时代，古印度的政治、经济和文化中心已经东移。波斯和马其顿王国都曾征服过这一地区。与此同时，东方的恒河流域则在摩揭陀的难陀王朝统治下统一起来。难陀王朝已初具帝国规模，并且具备了向印度河流域推进的力量，但这一进程被亚历山大大帝的入侵所打断。大约公元前321年（一说公元前324年），旃陀罗笈多在西北印度自立为王，而后向东攻占摩揭陀首都华氏城，推翻难陀王朝统治。随着马其顿驻军的撤离，整个北印度在旃陀罗笈多的统治下基本统一。旃陀罗笈多利用人民的力量成为新王朝统治者，因其出身于豢养孔雀的家族，故此王朝被称为孔雀王朝，定都华氏城。孔雀王朝传至阿育王时代，对南印度进行了大规模的征讨，除南印度部分地区以外，悉入孔雀帝国版图。至

> 为摆脱危机，婆罗门法律对种姓制度做了新的补充和解释：四大种姓仍然是种姓制度的基础，但同时承认"杂种姓"的存在。

此，孔雀帝国疆域广大，幅员辽阔。

发展与壮大

孔雀帝国时代，奴隶制发生了一些新变化。首先，雅利安人沦为奴隶的现象受到限制。再则，奴隶地位有所改善。孔雀王朝时期，奴隶制度发展到最高点，同时也开始走向衰落。而种姓制度也面临各种危机，由于不能适应阶级分化的新情况而受到广泛抨击；阿育王时期，因其不利于帝国统一而受到抑制；帝国解体时期，因其不便容纳外来民族而遭到外来民族的拒绝。为摆脱危机，婆罗门法律对种姓制度做了新的补充和解释：四大种姓仍然是种姓制度的基础，但同时承认"杂种姓"的存在。奴隶制的阶级关系日趋弱化，而种姓间的等级却更加森严，这是古代印度社会没落时期值得注意的特点。

旃陀罗笈多在位25年，在军事和外交上都取得了很大的成就。军事的强大使得他第一次建立了统一印度河和恒河两个流域的大帝国，并且和西方的一些国家建立了正常的外

孔雀王朝因创建者旃陀罗笈多出身于豢养孔雀的家族而得名，经过三代人的经营，至阿育王时期，孔雀王朝达到了极盛阶段。

探索古文明 古印度

阿育王石柱，柱身刻有阿育王的赦令和法规。其中法规之一写道：阿育王在各地建立了两种医院——人类医院和动物医院。如果没有治疗人类和动物的草药，就命令人们收购和种植。

交关系。他在位期间兢兢业业，将国家治理得井井有条，民富国强，也赢得了广大臣民的爱戴。他退位后到各地流浪，前往印度的南部过起了隐居生活，最后采取耆那教的方式，绝食而安宁地死去。

阿育王的统治

旃陀罗笈多传位给他的儿子宾头沙罗。宾头沙罗继位后大大巩固了帝国的基业，继续维持和西方国家的良好关系，还镇压了西北印度的反叛，并开始了向南印度的扩张。宾头沙罗对南方发动了大规模的征讨行动，表明了他要统一印度次大陆的决心。宾头沙罗在位20多年，孔雀帝国的版图在他的治理下进一步扩大。

据传，这位帝王手段残暴，杀人无数，先后攻占了16座都城，毫不留情地杀掉了16位君主，因而得了个"歼灭者"的称号，但是印度次大陆完全统一这项工作是由他的儿子阿育王来完成的。阿育王年轻的时候就在国内有相当的威望，但是宾头沙罗并没有立他为嗣，而是立了长子。阿育王对此不满，暗自积蓄自己的力量，最终在残酷的宫廷政变中，杀死了自己的哥哥，登上了王位。

为了巩固王位，阿育王大肆杀戮异己，在他的王宫里有一个监狱专门用来监禁异己者。虽然是监狱，但简直就是地狱，凡是进去的人没有能活着出来的。他采取暴力行动巩固了国内政治基础以后，开始大举征伐南印度的军事行动。阿育王在征服南印度的时候也采取了杀伐政策，在伤亡最多的一次战斗中，竟然有10万多人丧命，可以想象阿育王的残暴到了何等程度，但是他最终完成了统一大业。

阿育王时代是孔雀王朝的极盛时代。阿育王在统一了印度次大陆以后，突然放下屠刀立地成佛，皈依佛教，从此戒除杀生，成为一个虔诚的佛教徒。关于他皈依佛教的传说很多，其中有一个很著名的传说，是说一次他将一个顶撞他的僧侣投入开水锅中，想煮死他，结果该僧侣毫发未伤，阿育王感到佛法无边，而后虔诚皈依佛教。

阿育王死后，孔雀帝国迅速衰落并瓦解。孔雀帝国瓦解的同时，奴隶制亦日益解体，封建因素开始萌芽，到笈多王朝时期，印度封建制度已基本形成。

晚年的阿育王皈依佛教,成为一个虔诚的佛教徒。其实,与其说是虔诚皈依,还不如说他认识到与征战厮杀相比,或许感化的方式更有利于维护自己的统治。这是阿育王依照佛的姿势为自己塑制的坐像。

第一章 追踪文明演进的步伐

贵霜王朝

公元 1 世纪—公元 3 世纪

公元 1 世纪，中亚的大月氏人入侵古印度，建立了地跨中亚、阿富汗及西北印度的贵霜王朝。说起大月氏人，与中国也是渊源颇深。最早开辟丝绸之路的张骞，就是因奉命出使大月氏而远赴西域；佛教最早也是由大月氏高僧传入中国的，"白马驮经"的故事即是写照。相比孔雀王朝之后东印度的混乱，统治西北印度的贵霜王朝却非常强盛，与同时期的汉朝、安息、罗马并称为"欧亚四大帝国"。

大月氏人建立贵霜王朝

孔雀王朝灭亡以后，西北印度不断有外族入侵。先是中亚的大夏希腊人在公元前 2 世纪初侵入印度西北部，接着又有安息人、塞族人、大月氏人的入侵。当时大月氏人有 5 个部落，公元 1 世纪初，其中一个部落在首领丘就却的带领下征服了其他 4 个部落，建立起贵霜国，在丘就却的儿子阎高珍时期进兵印度，占领了恒河上游地区。

帝国的都城仍在中亚。到了迦腻

作为一枚时尚的金币，我的正面是迦腻色伽王的形象。

迦腻色迦王金币，现藏于大英博物馆。

色迦王时期，贵霜帝国进一步扩张，贵霜帝国的版图西起伊朗东境，东至恒河中游，北起锡尔河、葱岭，南至纳巴达河，迦腻色迦王又把都城迁到了印度犍陀罗地区的白沙瓦，使这一地区成为帝国统治的中心。

迦腻色迦王的统治

贵霜帝国在迦腻色迦王时期最为强大，迦腻色迦王是一位很有作为的君主，在其统治的20多年时间里，贵霜王朝在政治、经济、文化各方面都走向了鼎盛，对整个印度历史有极大的贡献。迦腻色迦王与阿育王有许多相似之处，他们为了扩大帝国的版图，都曾进行了大规模的武力扩张，并且都笃信佛教。

迦腻色迦王主持修建了有名的布路沙布罗大塔，召集了佛教历史上的第4次集结。

在贵霜帝国时期，佛教开始分裂为许多部派，产生了大乘佛教和小乘佛教的区别。迦腻色迦王对佛教采取大小乘兼容的政策，对佛教的传播起了重要的推动作用。

相传迦腻色迦王是在远征北方的途中，被部将暗杀。他的立像在马都拉附近的摩多出土，现收藏在马都拉博物馆。这尊雕像缺少头部，很难窥见迦腻色迦王的全貌。立像穿的是长长的上衣，刺绣的半筒靴，一手持剑，一手按鞘，双脚分开站立，显得威武十足的样子。

迦腻色迦王死后，贵霜帝国的极盛时期随之结束。在伊朗兴起的萨珊王朝发展到东方，在公元3世纪末征服了印度河流域，贵霜王朝遂沦入其统治之下。

"手提鸟笼戏逗鹦鹉的女药叉"雕像，制作于贵霜王朝时期。

第一章 追踪文明演进的步伐

迦腻色迦王为大乘佛教佛像揭幕图

同时期的南部印度

在贵霜王朝统治北部印度的同时，与其对峙的安度罗国在南方获得了较大的发展。

孔雀帝国瓦解后，古印度处于分裂状态，外族人频频入侵古印度。南部印度人民抵抗住了外族的入侵，建立了萨哈瓦哈纳王朝统治下的安度罗国，它开始于公元前78年，至318年灭亡。在国势强大的时候，安度罗国的领土东到孟加拉湾，西到阿拉伯海，包括了德干高原，整个领土位于南印度的中心地带。

在塞族人和贵霜人入侵的情况下，安度罗国凭借自己强大的武力，维护了中印度和南印度的独立和经济上的繁荣。公元前30年，安度罗国北上灭恒河流域的摩揭陀甘华王朝。安度罗国是北印度雅利安人和南印度达罗毗荼人文化交流的桥梁。

贵霜王朝佛像

作为贵霜王朝的一代明主，迦腻色迦一直热心资助僧侣去建造寺庙、解读佛经，并以一个佛教保护者的形象出现，这也促进了佛教在古印度地区的传播和兴盛。

第一章 追踪文明演进的步伐

笈多王朝

公元4世纪—公元6世纪

当东方的中国处于混乱的南北朝,西方的罗马帝国风雨飘摇时,古印度却处于文化艺术发展的黄金时期。神圣史诗《罗摩衍那》《摩诃婆罗多》在这一时期编成,那烂陀寺的佛学讲坛有3万名学生,宗教、哲学、戏剧、诗歌、艺术以及天文学、数学等都在这一时期大为发展。想知道这一时期的古印度社会状况吗?那就让我们一起走进公元4世纪的古印度——笈多王朝。

笈多王朝的兴盛

贵霜王朝于公元3世纪分裂,古印度再度陷入混乱之中,一直到公元4世纪,在孔雀王朝的旧地兴起了笈多王朝,古印度才又有了统一的局面。笈多王朝开始于约320年旃陀罗·笈多一世登基之时,笈多帝国在他孙子旃陀罗·笈多二世(375年—415年在位)的统治下,臻于极盛。旃陀罗·笈多二世极力扩张,直到将他的帝国从印度河扩展到孟加拉湾、从北部山区扩展到纳巴达河为止。在政治上,笈多帝国是一个北印度帝国,并未包括整个半岛。实际上,当时的南印度在许多方面是与世隔绝的,因为温迪亚山脉仍是将半岛

毗湿奴神的卧像,建于公元5世纪笈多王朝时期。

31

🌿 印度鹿野苑的乔堪祇塔，原系笈多王朝时期所建，是佛教在古印度的四大圣地之一，是释迦牟尼成佛后初转法轮处。

一隔为二的屏障。南方诸民族讲的是德拉维语，包括泰米尔语、泰卢固语和卡纳拉语，与北方人所讲的印度雅利安语不同。另一方面，南方还接受印度教、佛教及其他社会习俗，并将梵语作为其经文和学习的用语。这样，南印度形成了一个单独的文化区域。它不管诸民族根本不相同的种族和语言背景，也不管南方数国独立并存的局面，而是将形形色色的民族结合在一起。

古印度文艺的黄金时代

笈多王朝是古印度历史上的黄金时代，这一方面是因为古印度各文艺活动发展至此已臻成熟，另一方面是笈多王朝出现了许多英明、有智慧的领袖，提供了一个安定自由的社会环境。因笈多王朝王室的保护和支持，印度教盛行，

第一章　追踪文明演进的步伐

并逐渐占据优势地位。印度教成型于孔雀王朝时，它以婆罗门教义为主体，再融合民间信仰而成，也是一种多神崇拜的宗教。多神崇拜中又以创造之神梵天、表示生命持续之神毗湿奴神和表示破坏之神悉瓦最重要。

艺术方面，佛教艺术在此时期达到最高峰，大规模的石窟寺院，如阿旃陀石窟寺院就是这时期建造的。印度教的石砌寺院更是比比皆是。文学方面，许多不朽的文学作品也在这时期完成。例如最有名的两大史诗——《大战诗》和《拉马远游诗》。此外，一些有趣的寓言、童话，如《五卷书》《王子所行记》等，内容脍炙人口，字里行间流露出轮回等传统思想观念。古印度文艺创造在此时达到最高峰。

后来，笈多帝国被来自欧亚大草原的匈奴游牧民的入侵所摧毁。古印度文明的"黄金时代"也被这一入侵打断。455年，匈奴人第一次袭击笈多帝国，随后又入侵过多次，尽管匈奴人在528年被击退，但他们并没有被驱逐出去。

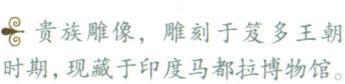

我的发型师手艺不错吧？但我更喜欢我的项链。

贵族雕像，雕刻于笈多王朝时期，现藏于印度马都拉博物馆。

探索古文明 古印度

戒日王——最后的统一者

590 年—647 年

> 戒日王朝是最后一个统一北印度的古印度人王朝。戒日王朝因戒日王而兴盛，随戒日王之死而衰亡，可谓名副其实。戒日王其人的生活年代几乎与中国的唐太宗完全同时，二人的文治武功也同样卓越。著名的唐僧取经的故事就发生在这一时期，戒日王也曾多次遣使到访唐朝，这些都加深了中印两国人民的友谊。可惜戒日王之后，古印度陷入分裂，此后 1000 多年，外族入侵不断，古印度的历史便到此结束。

公元 5 世纪末，笈多王朝突然衰落，到公元 6 世纪初就已经呈现出分裂的态势。直到公元 7 世纪前半叶，戒日王再次统一了四分五裂的古印度。古印度重现笈多帝国时的盛况。

戒日王的祖父一代曾与笈多王朝的王女结婚。戒日王出生于 590 年。

605 年，戒日王的父亲逝世后，他的兄弟拉芝瓦尔那继位，然而却在一次与西孟加拉地方伽乌拉国国王射香伽的战役中被杀。此后，戒日王在 606 年继位，当时他才 16 岁。

经过多年的努力，戒日王基本上统一了北印度，完成了笈多帝国崩溃后古印度再次统一的伟业。戒日王不仅是

释迦牟尼像，现藏于东京国家博物馆。

🍂 阿旃陀石窟是印度佛教石窟群，石窟内的绘画和雕塑都是佛教艺术的经典之作，具有相当重要的艺术影响力。

一个伟大的武人，在文化方面也曾使笈多帝国的隆盛再现。他重视学问、艺术，并给予保护。相传他自己还创作了好几部艺术作品。戒日王同样是佛教的热心支持者。玄奘到印度取经，正值戒日王时代，曾受戒日王的礼遇。《大唐西域记》详细叙述了戒日王统治下的古印度政治、社会情况。

647年，戒日王逝世，统一的古印度又土崩瓦解，再次陷入各势力分立的状态。混乱的形势一直延续了几个世纪。后来穆斯林入侵印度，印度才再次统一起来。戒日王所统一的国家之瓦解，标志着印度古代历史的结束。

第二章

神秘的民族风情

  世界上很少有像古印度这样的文明，一方面统治者对欲望没有节制地放纵，一方面在生活中又有着森严的戒律。享乐主义与禁欲主义在古印度人群中的地位不分伯仲，成为他们生活的两极，两极的交织形成了他们生活艺术的魅力所在。生存在"矛盾"之中的古印度人对美一样有着执着的追求，美的理念渗透到他们生活中的各个角落，也贯穿着印度河文明的始终。

古印度人对美的追求

古印度妇女的命运

探索古文明 **古印度**

古印度人对美的追求

约始于公元前 4000 年

> 印度少女身着孔雀开屏般绚丽的纱丽，额头的吊饰随着莲步摇曳生姿，当她们半揭面纱，眉如远黛，目含秋水之时，你是否也被印度少女的美惊艳到了呢？正所谓爱美之心，人皆有之，古印度人也不例外。从衣服到手镯、项链、耳环、头巾甚至脚踝和胡须，古印度人都要把所有这些细节修饰得尽善尽美。最奇特的是，在古印度的一些地区，美或丑竟然成为决定婴儿生死的依据。

经过考古发掘与研究，学者们发现在新石器时代，古印度人就已经开始戴手镯，美国考古学家乔纳森注意到这些手镯不仅体现了人们对美的向往和追求，还体现了一个人的社会地位、种族和宗教信仰等多方面的信息。他还发现，无论贫富贵贱，当时的古印度妇女都有手镯，只不过质地和价值有所不同，由此可见，爱美的观念已经深入古印度人的心中。

在衣着方面，印度河流域的人都喜欢穿紧身的棉质长衣，这些长衣一般都有贴花和颜色，为了达到美的效果，一般情况下他们的肩上还要披上一块棉织品，头上戴着头饰或者头巾，有钱的贵族妇女还要戴上镶有珠玉的项链。恒河流域的贵族妇女不仅系束腰带，还很注意修饰自己的足部，在脚

> "恒河流域的贵族妇女不仅系束腰带，还很注意修饰自己的足部，在脚踝处一般还要系上铃铛，这一习俗直到现在都存在。"

第二章 神秘的民族风情

踝处一般还要系上铃铛,这一习俗直到现在都存在。不仅女士注意修饰自己的外表,就连男人对美也有很高的要求。他们将自己的胡须染成各色各样,每天沐浴时还要喷洒香料,甚至还戴耳环。作为祭司的僧侣也不例外,他们不仅有头饰,在长袍上还要做适当的修饰,镶嵌上美丽的图案或者染成漂亮的红色。

古印度人的爱美有时竟成了一个公共事件。在婴儿满月后,要由公众裁决他是否貌美,是否有继续生存的必要。如果公众裁决的结果是这个婴儿是丑陋的,那么他的生命就危在旦夕了,因为这样一来法官就有权判处他死刑。这种对美的极端爱好,有文明风尚的一面,但又势必会引起社会生活的奢靡与腐化,阻碍生产力的进一步发展。

狮子洞岩画

图为公元5世纪时的天女散花图,浸润着古印度人对美的独特感悟。

探索古文明 古印度

日常娱乐与饮食风俗

始于公元前 2000 多年

日出而作，日落而息，古代人的生活平静而简单。不过，在这朴素的生活里，古印度人依然有自己独特的娱乐方式。血腥的人兽格斗释放了上古印度人的粗犷激情，国际象棋的发明显示了古印度人的聪明智慧，迷恋赌博体现了他们的投机心理，而对舞蹈、音乐的追求与享受则渗入血液。在饮食方面，对牛的崇敬与爱护使得古印度人不吃牛肉，加之佛教与耆那教"不杀生"的教义引导，不食牛肉与猪肉的素食主义直到现在依然影响很大。

日常娱乐

从印度出土的一些印章和文献记载中，我们发现在很早的时候古印度人就有很多娱乐方式。在古印度早期的娱乐方式中有类似古罗马的人兽相斗的表演，但是这种表演透露着一种血腥、一种野蛮，在很大程度上是满足人们内心深处一种嗜血的本性。佛教和耆那教开始在古印度流行以后，这种残忍的游戏很快就被禁止了。

除此之外，古印度人还很喜欢下棋和

贵霜王朝时期的醉酒图石雕

展现贵霜王朝贵族宴饮的石板雕塑

赌博。棋类的发明和发展同古印度的宗教密切相关。下棋很需要动脑筋，因此，要想推广下棋并不是一件容易的事。在古印度和两河流域，有着两个非常相似的有关棋类的传说。在古印度，这个传说是讲一个祭司向国王请求在有着64格的棋盘中放上一些米，但这些米的放法是每换一个格子，就要增加一倍，起初国王没有意识到这个棋盘的巨大能量。在放米的过程中他才发现：如果真的按这种方法实行的话，整个国家的米都不够。这个祭司的目的就是希望国王重视宗教。而在两河流域，讲述的则是一个小孩子为了营救自己的父亲所采取的一种策略。两个故事都达到了同样的目的：国王认输并且开始迷恋下棋，也直接推动了棋类的推广。

古印度人还很热衷赌博。在印度的古文献记载中，一些国王也同样乐此不疲，甚至为了满足个人的赌博欲望，把自己的国家都输掉了。在当时，古印度的赌具中有一种骰子，从外观到使用方法都和中国的骰子很像。古印度投骰子技术

湿婆舞蹈像是印度艺术中的经典之作。湿婆神单足着地,左脚高抬,整个身体呈美丽的"S"形,四只手臂有屈有伸,有分有合,十分优雅,但面部表情却十分严肃,因为他的舞蹈预示着世界的毁灭。

第二章 神秘的民族风情

的发展和一个叫作那罗的国王密切相关,他由于迷恋赌博将自己的国王宝座输给了别人,后来在流亡过程中学会了这种赌博技术又赢回了自己的国王位置。古印度的赌博技术可以说是源远流长,早在哈拉巴时期就已经有了赌博的工具和技术,赌博在当时并不被认为是一种丧德败行的行为,而是被视作反映一个人智慧的指标。古印度人对赌博的爱好影响到近代,在一部印度电影中讲述了乡下村民用赌博的方式反对暴虐的英军首领扩大税收的故事,可见,赌博是古印度生活中不可或缺的组成部分。

古印度人劳作之余还很喜欢清净,在休息的时候经常用木棒按摩身体,求得身体的愉悦。古印度人在日常休闲中还发展了舞蹈和音乐。古代印度人对舞蹈和音乐有着特别的兴趣和高超的造诣,音乐和舞蹈是他们日常生活的重要组成部分。这一点表现在他们将各种神祇都刻画得舞姿翩跹,很有美感,并且把自己喜欢的舞者和乐师加以神化。在古印度最受尊崇的湿婆神就是舞王,也是印度舞蹈的始祖。湿婆一边跳舞一边创造和毁灭世界,古印度人将自己的宗教信仰和舞蹈音乐结合起来,形成了别具一格的艺术风格。

印度教教徒将恒河奉为"圣河",每年都有成千上万的印度教教徒前往恒河参加沐浴仪式。

探索古文明 古印度

饮食风俗

古代印度在产生佛教以前就形成了素食主义的风尚。这种素食主义的风尚并不单纯是一种宗教信仰。在人类文明的初期，尤其是社会生产力极不发达的时候，牲畜是极为重要的生产资料，因此古印度人对牛有一种高度的崇敬心理。在古印度人的印章上最多的动物图像就是牛，因此可以断定牛在古印度人生活中占有重要地位。牛可以为原始的农业耕作提供最大的帮助，再加上牛本身的温驯与善良，古印度人认为牛是上天赐给他们的吉祥之物，因此坚决反对以牛为食物的肉食主义，这种风尚逐渐演变成为一种全民族的信仰。

后来产生的耆那教和佛教，在古印度都是风行一时的国教，这两个教派的出现对素食主义给予教理上的肯定和进一步阐释。耆那教和佛教都有五戒，在两种五戒中又都有戒杀生一条，所以也就不能吃肉。佛教传入中国以后有一句名言叫作"扫地不伤蝼蚁命，爱惜飞蛾纱罩灯"，都体现了他们对于生命的怜惜与保护。早期的佛教在奉行素食主义的初期，

印度料理中常用的香料

印度以香料而出名，往往在印度吃的一道菜里会有好几种香料，而印度美食的神奇之处是在于好几种香料混合在一起。

第二章 神秘的民族风情

烤饼在印度人的餐桌上是最常见的,它外焦里嫩,酥脆可口,深受印度人喜爱。

号召人们甚至连牛奶都不要喝,这样一来就直接影响了人们的营养状况。佛教认为"食"是众生生死症结的根本所在,若调适不当则不能与道相应。当年释迦牟尼佛在雪山修行6年,有时一日仅食一粟一麦,饿得骨瘦如柴,却始终未能与解脱境界相应。于是放弃苦行,接受牧牛女供养的奶酪,身体得到滋益,于菩提树下很快进入禅定境界。所以从此以后,佛教不再反对喝牛奶。在提倡素食主义的同时,号召人们注意营养的调配。同时规定不吃辛辣食物,不喝酒。直到现在,印度人仍然在饮食上保留了原来的一些习俗。印度人一般不吃牛肉和猪肉。鸡肉、鱼虾配上米饭或烤饼是印度人的主食。印度蔬菜产量少,多是萝卜、洋葱、土豆、豆类等。印度人不爱喝汤,他们认为任何一种汤都比不上无色无味的白开水爽口。

探索古文明 古印度

古印度的家庭婚俗与性文化

约始于公元前 3000 年

> 婚丧嫁娶最能体现一个民族的文化特色,古印度的家庭婚俗也自有其独特之处。父权社会的古印度与中国一样,子女的婚姻由父亲做主。不过由于种姓制度的禁锢,古印度不同阶层之间的婚姻受到更为严格的限制。众多性题材的雕塑反映了古印度人性观念的开放,虽然佛教、印度教有禁欲主义的教条,但它们并不主张完全禁绝性生活。

父权社会的古印度婚俗

古代印度很早就过渡到了父系社会。在家庭中父亲的权力最大,父亲有权决定家庭的一切事务。在子女婚姻问题上,古印度的做法和中国有很多相似之处。中国有句古话叫作"父母之命,媒妁之言",在古印度也存在这样一种情况,子女的婚姻是由父母决定的。而且在古印度存在一种非常奇特的嫁女习俗,姑娘长大后,由父亲领到市场上,赤裸上身,向过往的人群展示自己成熟的身体,表明自己是一个健康、可以生育的女人。如果哪个男人看上,且女孩也同意,就可以马上领走成为正式夫妻。到了吠陀时代,父亲的权力进一步加强,父亲有权出卖自己的子女。同时这种父系社会还体现在男女地位的分别上,儿子是未来的一家之主,因此可以帮助父亲

> 在子女婚姻问题上,古印度的做法和中国有很多相似之处。中国有句古话叫作"父母之命,媒妁之言",在古印度也存在这样一种情况,子女的婚姻是由父母决定的。

第二章 神秘的民族风情

在印度，男子必须结婚并生育儿女才有资格向祖宗供奉祭品。因此，在结婚仪式上，夫妇双方为此祈祷，祭司等人也为此而祝愿他们。

做各种工作，甚至父亲的葬礼只能由儿子主持，母亲都不可以。

种姓制度也是古印度婚姻的一个重要方面。种姓之间的婚姻受到严格的限制，尽管后来有了各种姓间可以通婚的规定，但只有高贵种姓的男人才可以迎娶低级种姓的女人，而低级种姓的男人却不能迎娶高贵种姓的女人。古印度人出嫁和中国一样都有随带嫁妆的习俗。在古印度，妇女是不能继承财产的，但是父母都会在女儿出嫁时赠送一部分财物。

在古印度有些地方甚至还有童婚的陋俗，因为当时一部分人对少女的童贞很是看重，童婚可以保证少女的贞洁。这些情况都说明了在古印度妇女没有任何权利和地位，是受男权统治的群体。在古印度人的观念中，每个成年男子不仅要结婚，还必须养育儿女，这是他们的责任与义务，如果哪个人不能完成生殖和繁衍就要受到惩罚。这大概和当时的生存环境有关，只有通过鼓励生育的方式才能靠更大的人群力量抵御灾害、战胜自然。

> **印度克久拉霍寺庙艺术雕塑**
>
> 在克久拉霍寺庙难以计数的雕刻作品中，妇女和性爱是最普遍的主题。

千姿百态的性文化

　　在印度残存的古建筑遗迹中明显地反映了性爱和宗教的关系。这些作品描写的信仰和事件，大多是印度教中心议题的初端。譬如，在一些古老的印度小雕塑中，人们见到雕刻着3张脸的有角人。他做着瑜伽姿势，整个身子一丝不挂，性器官直直勃起，头部长得有些像植物，其他部位则类似动物。从图推断，他是一种有生殖能力的神，很可能就是后来印度教中传说的湿婆神。在其他一些古印度的雕塑中，时常也可见到各种"阴茎"动物，如公牛、犀牛、象等。这些男性生殖器官像，印度称为"呤咖莫"。在印度，还有一类与呤咖莫相对应的赤土小雕塑，称为瑜尼。瑜尼上雕塑着佩戴腰带、项链和漂亮头饰的裸体女人。她们有的已经怀孕，挺着大大的肚子；而另一些则胸前抱着一团代表初生婴儿的黏土。这些早期的母神雕像，象征着人类繁衍。雕像的女神千姿百态，各不相同，但都代表湿婆神之妻——帕尔娃娣女神。正是在这种最初的生殖崇拜不断发展中，逐渐形成了中世纪印度独特的性文化。

公元2世纪，印欧语系的人侵入印度，摧毁了早期的古印度文明。他们在印度建立了新宗教文化和主教，并强化了军备。印度的现代宗教和历史，就是源于这种宗教文化——吠陀经的圣歌集。吠陀教认为，性是人类人生轮回中的一个重要部分，因此，生殖与性欲就是人生最关键的连接点。因而，即使印度教和佛教中的禁欲主义传统也都不赞成禁绝性爱和性生活，以便能使更多的人从痛苦中解脱出来。但是这些传统却认为，人应该放弃对性自由、婚姻和家庭三种乐欲的追求，因为它们会影响人向幸福和极乐天堂的迈进。佛教创始人佛陀，也尊称释迦牟尼，不满自己经历的禁欲主义生活，因此独创了一套新的生活方式，把自己从性欲、生存欲和愚昧中解脱出来，成为不再完全顺从自然的自由人。他超脱人间痛苦的方法是，通过放弃各种欲望而达到"空无"和"超然"的全福境地，使人进入极乐天堂和涅槃。

童婚

童婚是一种未成年男女结婚的婚俗。世界上许多国家曾流行过童婚，包括旧中国。在印度、东南亚国家及阿拉伯国家极为盛行。有些地方，甚至4—5岁的女童也会被安排与男童或男人"结合"，有的新娘甚至还在吃奶，就开始了儿童新娘的悲惨命运。她们的丈夫除了同龄孩子或年轻的成年男子外，也有先强奸她们其后声称娶其为妻的男子。有些宗教的经典提到，让女孩子在发育之前结婚，父母死后可以升天，这可能是童婚盛行的原因之一。

探索古文明 古印度

古印度妇女的命运

约公元前 2000 年

提起印度妇女，人们脑海中闪现出的画面可能是身着纱丽，头点朱砂，佩戴各种首饰，载歌载舞的艳丽形象。但是在实际生活中，即使是在现代印度，妇女的地位也并不乐观。男尊女卑、重男轻女的观念所导致的童婚、扼杀女婴及寡妇自焚的事件时有发生。那么古代印度妇女的命运又如何呢？

原始矛盾的妇女地位

　　印度是一个宗教气息很浓厚的国家，宗教对妇女的看法深刻地影响甚至决定了印度妇女在实际生活中的地位。早期的印度宗教似乎是哈拉巴文化与雅利安人宗教的一种混合。在人类早期的文明中，一般都存在生殖崇拜。印度早期的宗教也不例外，它有自己的"母亲崇拜"和一种"大女神"宗教。在这种宗教当中，女性的形象具有多元性和矛盾性。她既具有智慧、力量与创造性的一面，同时也具有黑暗、诱惑、暴躁等否定性的另一面。人们对于女神的崇拜是消极的，是为了避邪，如在吠陀的文献中，她们经常与疾病和灾难联系在一起。女性通常被当成物质力量的代表，和男性精神相对立。女性因素单独存在的时候，往往呈现出它消极的一面。如果与男性精神相结合，则结果往往是有益的。显然，在这种早期宗教中，潜伏着对女性的歧视。不过在吠陀时代，相对于其他时期而言，妇女还是比较自由的。可能因为人们对女神毕竟还是心存敬畏。当时的妇女可以接受良好的教育，可以参加宗教活动，在一些宗教仪式中，祭司的妻子也会出场，妇女们也遵照自己的礼仪行事。不过，在出嫁前，她们依附于父亲，

第二章 神秘的民族风情

☙ 雕塑中的古印度妇女形象

古印度雕刻艺术家在塑造女性形象时,毫不掩饰他们对女性美的欣赏,女性造像大多是眉毛细长,五官分明,身材丰满。

成家后，则听命于丈夫，如果丈夫有什么意外，则要服从于儿子，男性仍然是家庭中的支柱性角色。顺服的妻子——男性最忠实的另一半，是当时最受人称赞的角色。有一则很有名的故事，讲述的是：蒂耶班的妻子萨图维坐在火边，她的丈夫枕着她的腿睡了，这个时候，她的孩子朝着火堆爬过去，但是她却不马上过去制止，因为她担心因此会弄醒自己的丈夫，所以默默地乞求火神的帮助。火神觉得她对丈夫的尽心关怀值得奖赏，于是让她的孩子坐在火中，直到她的丈夫醒来。

"男尊女卑"的古典时代

到了古典印度教时期，妇女的地位一落千丈。因为这时"业力轮回"观念和种姓制度已经形成。"业力轮回"观念认为物质的东西都是虚幻的，只有叫作"梵"的精神世界才是真实的。人的肉体是虚空的，只有来自梵的人类的灵魂才是真实的，人类的灵魂在死后应该归于梵。但是由于人们在俗世中造了"业"，因此灵魂无法获得解脱，需要投胎转世，只有达到"梵我合一"，才能获得最后的解脱。而这种宗教观念却又认为妇女是无法获得这种解脱的，不管她出生于何种高贵的种姓，除非她转世投胎为男性。因为，身为女性就是前生恶业的结果。

妇女也失去了宗教权利，她们不再能够研习宗教经典。她们唯一的任务就是做一位贤妻，辅佐她的丈夫。《摩奴法典》训诫妇女，不管她们的丈夫如何，是残废、不忠、酗酒还是残暴，她们都必须忠诚于他。宗教的正统观念提出，妻子要对丈夫顶礼膜拜。在丈夫死后，仍然要延续对他的忠诚。当时，寡妇是禁止再婚的，她们不可以与其他男人接触，并且这种观念还认为正是她们的"恶业"造成了她们丈夫的死亡。可想而知，寡妇在家庭中的处境是多么悲惨，家人也会把她们视为谋害亲人的凶手。她们睡在地上，每天只能吃一餐饭，不能吃蜜、肉、酒和盐，更不能涂油膏、香水或身着艳丽服饰，俨然是苦行僧的生活。

第二章 神秘的民族风情

我的红痣俏皮吗？它会带给我吉祥如意的！

古印度的女性塑像

我们经常能够看到古印度女性眉心有一红痣，在古印度，眉心被认为是人的生命源泉，是人与神灵交流的重要位置，将吉祥痣点在那个位置，就是为了消除灾害，保护自己。

因此许多妇女在丧夫之后，不愿过这种暗无天日的生活，就会选择殉葬，跳进焚烧丈夫尸体的火堆中或者自焚，这样在转世投胎的时候，可以获得幸福。但是，即便是对自焚也有一条限制，那就是要出自纯洁的夫妇之爱，否则也没有功德。因此，妇女要提高自己的地位，唯一的途径就是做母亲，并且要生育男孩。如果一名妇女不能生男孩，等待她的往往不是丈夫的责骂，就是公婆的白眼，甚至还有邻里的冷嘲热讽。因为印度教认为，男孩不仅肩负着家族传宗接代的重任，而且父母归天的火葬仪式上，如果没有儿子点燃火葬柴堆，父母的灵魂将无法升入天堂。相反，如果生了女孩就意味着要准备一大笔嫁妆，如果一个家庭有好几个女儿，可能会因为备置女孩们的嫁妆而倾家荡产，所以古代印度经

探索古文明 **古印度**

常会发生扼杀女婴的事情。而女孩出嫁的年龄越早，女方付给男方的嫁妆就会越少，所以童婚一直很盛行。

女权略好的佛教时代

佛教产生的初期，妇女的地位有所好转，因为佛教提倡"众生平等"，此时的妇女也可以通过修行获得正果。女性的佛教徒也可以四处说法，并且可能会因为自己的善行而受到人们的称赞。在家庭中，妇女的地位也有所改善，丈夫对妻子要尊重、礼貌、忠诚，妻子则要尽责、忠诚、能干。他们可以共同决定子女的未来。而寡妇也不必自焚，她们可以再婚，继承遗产，还可以加入僧团。但是后来佛教对妇女的积极态度发生了转变，因为佛教主张禁欲，避开物质的诱惑，而妇女很容易和性、后代、母性，以及丰富的物质生活联系在一起，这些对于修行而言是一种桎梏。佛陀曾与自己的门人阿南对话，阿南问："世尊，我们应该怎样对待妇女呢？"佛陀回答："就当我们没有看见她们。"阿南又问："但是，要是我们

第二章　神秘的民族风情

 古印度农村的妇女

古印度妇女"未婚从父，青年从夫，夫死从子"，除此之外，生子、养育孩子、操持家务是妇女的义务。

探索古文明 古印度

🌀 佛陀雕像

看见了她们，又怎么办呢？"佛陀说："不要和她们说话。"阿南再问："要是她们主动和我们说话呢？"佛陀只好说："警惕啊！"连曾经对妇女有着基本宽容和尊重的佛教，在当时也变得对女性非常反感和厌恶，妇女在现实生活中的处境会是怎样，已自不待言。

种姓制度

始于公元前 1500 年前后

在古代印度，人们常常可以看到一些人佩戴着特殊的标志，并不停地敲打器物，发出声响，周围的人看见他们都唯恐避之不及，因为大家认为如果碰到他们，即便是他们的影子或足迹，都会给自己带来厄运。这些人被称为旃陀罗，意为"不可接触的贱民"。为什么他们会受到这样的待遇？这完全是因为印度社会中严格的种姓制度，这一制度规定了每个人的地位、权利、义务、职业以及生活。

种姓制度的来源

种姓制度是古代印度一种严格的等级制度，实质上也是一种阶级制度。"种姓"一词在印度的梵文中叫"瓦尔那"，就是颜色或品质的意思，因此这一制度又叫瓦尔那制度。这一制度萌芽于雅利安人侵入印度次大陆之初，他们和当地的土著居民达罗毗荼人在外形上有很大的差异，而且作为征服者，他们必然认为自己高人一等，因而自称为"雅利安瓦尔那"，即高贵者，而称被征服的达罗毗荼人为达萨瓦尔那。最初，两个瓦尔那之间是可以通婚的，但是雅利安人占少数，如果继续通婚的话，他们将会被达罗毗荼人所同化，所以，他们开始禁止与达罗毗荼人通婚。这就是种姓制度的肇端。

后来雅利安人内部也发生了分化，产生了三个等级，即僧侣贵族、军事贵族和平民等级，因此种姓制度分为四个等级：婆罗门、刹帝利、吠舍和首陀罗。

种姓的划分与理论支持

种姓制度受到了神化启发，《梨俱吠陀》中这样写道：当众神分割一个普鲁沙巨人的时候，他身体各个不同的部位变成了不同的种姓，口、手臂、腿和脚分别成了婆罗门、刹帝利、吠舍和首陀罗。因为这些身体部位的位置和作用不同，因此由它们衍生出的各个种姓理所当然就有了差别。巨人的口处在身体的最高位置，因此婆罗门种姓属于第一等级，又因为口除了说话、吃饭之外什么也不用做，因此，这个等级的工作就是担任祭司，赞美诸神并祈求神的保佑；他们不从事任何生产劳动，也不用向国家交税。他们的生活资料来源主要是接受布施和赠礼。巨人的双臂处在口的下面，听从口的指挥，所以刹帝利种姓居于婆罗门之下，他们是军事贵族，包括国王及其以下的各级官吏，他们的职责就是"统治、惩罚罪犯，并且从事战争"，即掌握着除神权之外国家的一切权力。他们从赋税和战争掠夺中获得大量的财富，自身并不从事生产劳动。巨人的腿是支撑巨人的，因此由第三等级的吠舍从事具体的劳作——耕种、放牧和经商，并且要向国王交税，是整个社会的支撑和供养者，虽然他们分享不到统治权，但是可以学习婆罗门教的经典，可以参加祭祀活动。他们可能由雅利安人原部落中的普通成员演化而来。第四等级首陀罗，他们是由

▶ 古印度婆罗门贵族

巨人的脚变成的，脚处于身体的底部，四处奔走，并且不洁净，因此这个种姓实际上处于被奴役的地位，是为其他种姓所役使的。他们不但没有任何权利，而且不能参加宗教活动。法律规定，首陀罗如果偷听别人诵读《吠陀》，必须向其耳中灌以熔化的铅、锡或蜡；假如他诵读《吠陀》，必须割去他的舌头；假如他记忆《吠陀》，则剁其四肢并碎为肉酱。首陀罗包括原来被雅利安人征服的达萨瓦尔那，也包括因为各种原因而失去部落成员身份的人，所以他们处于雅利安部落之外。而前面提到的旃陀罗都没有被列入种姓制度之中，他们是更低等的奴隶。

当然，这种神话只是为种姓制度寻求一种合理性。实际上，前三个等级都来自雅利安人，他们可以举行再生仪式，死后可以转生为人，获得第二次生命，所以成为再生族。首陀罗不能举行再生仪式，死后不能再转生为人，因此被称为一生族。

乔答摩像

因乔答摩反对种姓制度，主张人生而平等，因此，佛教得到了广泛的支持，在古印度获得了更为广泛的传播。

为了维护种姓制度，统治阶级还制定了许多法律，其中最典型的是《摩奴法典》。相传，摩奴是大神梵天的儿子，为了确定人间各种人在社会上应有的次序以及婆罗门和其他种姓的义务，制定了这部法典。

《摩奴法典》首先认定婆罗门是人世间一切的主宰，而首陀罗只能温顺地为其他种姓服劳役。首陀罗不能积累私人财产，不能对高级种姓有任何不敬的言行。婆罗门和刹帝利有权夺取首陀罗的一切。为了镇压低级种姓吠舍和首陀罗的反抗，《摩奴法典》还规定了许多残酷的刑罚。比如，低级种姓的人如果用身体的某一部分伤害了高级种姓的人，就必须将那一部分肢体斩断，动手的要斩断手，动脚的要斩断脚。《摩奴法典》还规定，刹帝利辱骂了婆罗门，要罚款100帕那（钱币单位）；如果是吠舍骂了，就要罚款150～200帕那；要是首陀罗骂了，就要用滚烫的油灌入他的口中和耳中。相反，如果婆罗门侮辱刹帝利，只罚款50帕那，侮辱吠舍，罚25帕那，侮辱首陀罗罚款12帕那。高级种姓的人如果杀死了一个首陀罗，仅用牲畜抵偿，或者简单地净一次身就行了。

《摩奴法典》还对各个种姓的衣食住行做了烦琐的规定。比如，规定不同种姓的人不能待在同一个房间里，不能同桌吃饭，不能同饮一口井里的水。不同种姓的人严格禁止通婚，以便使种姓的划分保持永久性。每个种姓都有自己的机构，用以处理有关种姓内部的事务，并监督本种姓的人严格遵守《摩奴法典》及传统习俗。倘有触犯者，轻则由婆罗门祭司给予处罚，重则被开除出种姓之外。被开除出种姓的人也成为贱民。

历史档案馆

达罗毗荼人

一般认为达罗毗荼人与哈拉巴文化有关，或者达罗毗荼人就是古印度的土著居民。雅利安人来到后，达罗毗荼人被赶到次大陆南部，建立安度罗、潘地亚、朱罗、哲罗等王国，创造了高度发达的文化。到了现代，达罗毗荼人是指南亚使用达罗毗荼语系诸语言的各民族的统称，又称德拉维达人。达罗毗荼人主要分布在现在的印度、斯里兰卡和巴基斯坦等地，大约2.17亿人。

种姓制度的影响

列国时代，由于对外战事的增多，军事贵族逐渐发挥了重要的作用，因此他们不满婆罗门等级的统治地位，而支持佛教的传播，以对抗婆罗门教，因为佛教反对种姓制度，讲究"众生平等"。

在古印度，辨别婆罗门的重要标识是肤色，因为早期的婆罗门都是雅利安人，肤色较白。但经过几千年的通婚，现在肤色已经不是辨别种姓的标准。今天主要还是应该看职业，从事僧侣行业的肯定是婆罗门。另外还可以看圣线。印度人手腕上的绳子叫作"梵线"或"圣线"。婆罗门佩戴棉线，刹帝利佩戴亚麻线，吠舍是毛线，首陀罗佩戴塑料的或者不佩戴。

乔答摩曾宣称："流入恒河的四水一旦在圣河中混合，就失去了它们的名字，同样，一切信奉佛陀的人也不再有婆罗门、刹帝利、吠舍和首陀罗的区别。"虽然佛教在印度盛行了几个世纪，并且广为传播，成为一种世界性宗教，但是它仍然被种姓制度击败，被摒除在印度人的生活之外。种姓制度后来又分成许多亚种姓，如同一张缜密的网，牢固地约束和规范着印度人的社会生活。

至今，种姓制度仍然影响着印度人的生活，虽然从印度独立那天起，种姓制度就在法律上被宣布废除了，但事实上它并没有被彻底消灭，仍然以各种形式顽固地存在着，人们行为的各方面仍然受到种姓制度的制约。

多姿多彩的节日

洒红节 排灯节 十胜节

> 有这样一个节日：它既像狂欢节那样疯狂，又像愚人节那样整蛊，还像泼水节那样酣畅，它欢乐喜庆，又五彩缤纷。这是什么节日？这就是古印度一年一度的洒红节。除了洒红节之外，古印度还有灯火挂满街而又不吃元宵的排灯节，还有一连庆祝十天而不休的十胜节。怎么样？想体验这些节日的疯狂与酣畅、喜庆与祥和吗？那么就一起来感受古印度的节日吧！

古印度的节日源远流长、多姿多彩，是古印度悠久历史文化的重要组成部分。由于宗教神话众多，所以古印度的节日大多与宗教神话有关，最著名的有洒红节、排灯节和十胜节，这些节日一直延续到现在。除此之外，大雄诞辰、佛陀诞辰等都是重要的节日。

洒红节

洒红节也叫霍利节、色彩节等，在每年二三月举行。洒红节是印度旧历新年，因而一般要庆祝好多天。洒红节是名副其实的印度狂欢节，每到这个时候，男女老幼都走上街头，互相往对方身上抛撒五彩斑斓的颜料。各种色彩的粉末、五颜六色的碎纸屑、装满颜料水的气球、红黄蓝绿的水枪等，都可能成为"攻击"你的武器！头上、脸上、眉毛上、鼻子上、衣服上，到处都染上了颜色。如果你有幸被彩蛋攻击了，请不要生气，因为这正是人们对你的祝福！

说起洒红节，也是由来已久，来源于古印度神圣史诗《摩诃婆罗多》。

🎵 **洒红节欢庆的人们**

洒红节每年二三月举行，人们互相抛撒用花朵制成的粉末，投掷水球，迎接春天的到来。

传说古代有一个国王希兰卡亚西普生性残暴，强迫人们背弃大神毗湿奴，并尊奉自己为神灵；然而他的王子普拉拉德却依然虔诚信仰毗湿奴神，并且生性仁慈，受百姓爱戴。国王再三威逼，王子矢志不移。国王想尽办法要杀害王子，都没有成功。于是国王派自己的妹妹——女妖霍利卡，去烧死王子。霍利卡会念咒语，不怕火烧。在一个月圆之夜，霍利卡抱着王子跳进了火堆。第二天，人们惊奇地发现，不怕火烧的霍利卡化成了灰烬，而普拉拉德王子却安然无恙！

古印度人认为，普拉拉德王子一定是得到了毗湿奴神的保佑。而霍利卡被烧死则象征着邪不压正、善良战胜邪恶。于是人们将颜料水泼向王子以示祝贺，并且将阴历十二月的月圆之夜定为洒红节。

据考证，古印度人早在公元前就已经开始庆祝洒红节。古代庙宇的浮雕、宗教绘画和一些文献等都记录了人们庆祝洒红节的场景。冬天结束，春天到来，万物复苏，草长莺飞。参加庆典的人们追逐打闹，向彼此身上抛撒五颜六色的颜料和粉末，以此互送祝福，也迎接春天的到来。到了晚上，还要点上篝火，焚烧"霍利卡"。

印度地域广阔，各地庆祝洒红节的做法也不尽相同。在北部一些地方，除抛撒彩粉之外，妇女还要手持木棒追打男子，洒红节因此而变成了"打男人节"。据说这种奇特的习俗源于古老的印度教传说。"英雄之神"克里什那结婚前，经常到他妻子的家乡巴萨纳村闲逛，并用恶作剧来嘲弄那里的妇女。这种恶行引起了当地女性的不满，因此她们每次见到克里什那，都用棍棒将其赶走。由此形成了别有趣味的"打男人"习俗。

排灯节

排灯节又称万灯节、印度灯节或屠妖节，在每年公历10月或11月举行。排灯节来临时，印度家家户户都会点亮蜡烛或油灯，象征着光明、繁荣和希望，祈祷新一年的好运与幸福。街道、公园、庙宇、商业中心等无一例外地挂上了各式各样的灯，使人置身于灯的海洋，真是灯火璀璨、目不暇接！黑暗的夜晚因为有了这一盏盏明灯，变得欢乐而温馨。排灯节的影响力甚至超越了洒红节，因此被认为是"印度的春节"。

与洒红节一样，排灯节也起源于古老的印度教神话。英雄罗摩是古印度三大主神之一毗湿奴神的化身，他的妻子悉多被恶魔绑走。为了夺回妻子，罗摩在猴神哈奴曼和猴子大军的帮助下，赶赴斯里兰卡打败恶魔救回了妻子。当罗摩驾着战车从斯里兰卡回到家中的时候，当地人民为欢迎他得胜归来，家家户户都点起了灯火。

由于排灯节象征光明，在印度教中属于最友爱、最愉快的节日之一。与中国人过年相似，印度人过排灯节的时候，也要打扫房

排灯节盛景

排灯节是印度教的重要节日。节日期间人们点亮象征光明、繁荣和幸福的蜡烛或油灯，欢度节日。

子，穿上新衣服，点亮各种灯，还要放烟花。排灯节的高潮是到圣河中沐浴，以求净化身心。到了晚上，所有的印度教庙宇，都排起了长龙，善男信女都来点灯祈福，交换礼物。真是灯火辉煌，烟花璀璨！

十胜节

进入每年九十月，印度人一连十天载歌载舞，庆祝战胜十首魔王的罗摩胜利归来，这便是著名的十胜节。

十胜节在印度也有几千年的传统，来源于史诗《罗摩衍那》。《罗摩衍那》主要歌颂英雄罗摩的生平事迹。罗摩是十车王的大儿子，品德高尚，聪明勇敢。十车王年老之时，准备传位给他。可是，十车王的一个妃子要求立她的儿子为太子。十车王因为患难时曾受过这位妃子的恩惠，曾答应可以满足她两个要求。所以当她提出要求时，十车王不得不忍痛将罗摩放逐长达14年。罗摩贤惠的妻子悉多始终不离不弃，与丈夫同甘共苦。不料刚到森林后，悉多就被长有10个头、10双手的十首魔王罗波那劫走。后来，罗摩在神猴哈奴曼的帮助下与十首魔王大战10天，救出了悉多。这时，14年的放逐期已满，他们返回国中，登上了王位。

根据印度教的说法，罗摩是大神毗湿奴的化身，毗湿奴本是"护国之神"，可以保佑国泰民安。而罗波那的10个头则代表着10个坏的品质，包括好色、愤怒、诱惑、贪婪、骄傲、嫉妒、自私、不公正、残暴、自我。罗摩战胜十首魔王代表着人类美好品德的胜利，罗摩在印度人心目中享有的崇高地位不言而喻，十胜节因而非常盛大。

节日期间，前9天到处都在举办歌颂罗摩事迹的盛会，从罗摩降生开始，一直演到罗摩最后彻底战胜罗波那。这种演出被称为"罗摩里拉"，一般都是在露天场所举办。

"罗摩里拉"一般要表演3小时，甚至更长时间。因为每年都演，所以印度人无论大人小孩都对"罗摩里拉"的剧情早已烂熟于心，不过每年前往观看的人还是络绎不绝。到第10天晚上，庆祝活动进入最高潮，人称"十胜第十

虽然我是凶神,可我真的只是纸糊的。

十胜节游行

日",十胜节的压轴戏在这一天上演。人们在空地上搭起3个巨大的纸做的凶神,分别代表作恶多端的十首魔王罗波那,以及与他同流合污的弟弟和儿子。有的纸人甚至几十米高,被打扮得花花绿绿,凶相毕露,里面却塞满了火药。表演到最后,只见挥舞铁锤的"十首魔王"被手持弓箭的罗摩打得节节败退,罗摩弯弓搭箭,一支火箭"嗖"地射出,只听"轰"的一声,"十首魔王"随着巨响,烟花腾空而起,3个魔王顿时葬身火海化作灰烬。这时,喜庆的气氛达到高潮,人们无不拍手称快。

以上是古印度延续至今的最具影响力的三大节日。这些节日虽然来源传说各不相同,庆祝习俗也各有特色,不过,它们都反映了古印度人热情、奔放、乐观、善良的民族心理,也体现出他们崇尚英雄、追求正义的民族文化。

第三章

古印度人的神灵世界

　　古印度在吠陀时代产生了图腾崇拜和自然神崇拜，真正的宗教在这一时期产生，随后建立并兴起的宗教派别为数众多，它们之间有些有着承继关系，有些则针锋相对。公元前6世纪，古印度甚至出现了宗教"百家争鸣"的局面。宗教占据着古印度人精神与生活的大部分领域，并对印度的历史、政治和艺术等方面产生了深远的影响。

意蕴深远的印度哲学

佛祖传说

探索古文明 古印度

婆罗门教

约始于公元前 18 世纪

婆罗门教是古印度最古老的宗教。雅利安人征服古印度的土著居民后，为了巩固统治，他们创造了婆罗门教。婆罗门教将全社会分为四个等级，其中前三个等级即雅利安征服者，第四等级则是被征服的古印度土著居民，由此形成了影响至今的种姓制度。在婆罗门教教义的麻醉之下，统治者高高在上，掌握所有社会权力和资源，而被统治的第四等级却世世代代过着悲惨的生活。

婆罗门教的兴起

在正式产生宗教之前，古代印度人主要信仰的是自然神。这些自然神包括生殖神和动植物的图腾物。尤其是生殖崇拜，几乎世界上所有的人类文明在产生和发展的初期都有这样一种现象。由于生产力低下和自然条件的变幻莫测，人类在早期抵御自然灾害的能力很弱，出于对生命繁衍的关注，人类对生殖的崇拜也就成为必然的现象。古印度人的生殖崇拜主要表现为对男性生殖器官和生殖女神——帕尔娃娣的崇拜。印度出土了大量生殖女神的雕塑，这些雕塑大多数是丰乳肥臀，表现了较强的生殖能力。在印度的古建筑物上圆锥形及环形的物体，可能也是男女性生殖器官的标志。

印度宗教的正式产生则是在吠陀时代。早在公元前 20 世纪中叶后，雅利安人开始从兴都库什山和帕米尔高原进入恒河流域，经过长期战争，征服了古印度土著达罗毗荼人。经历了很长的时期，雅利安人和土著人逐渐融合，婆罗门教建立并兴盛起来。婆罗门教以"吠陀天启""祭祀万能""婆罗门至上"

第三章 古印度人的神灵世界

为三大纲领，所宣扬的吠陀就是指雅利安人的宗教文献——四部《吠陀》。他们所宣扬的吠陀被认为是传自上天之神，由创世之神梵天把火神、风神、日神三个神明糅合在一起而产生的，吠陀是唯一的正确认识。

主要教义

婆罗门教认为，大梵天是世界的最高存在，一切事物的主宰，其与人的主体阿特曼（神我）本性同一。但由于无明，人对尘世无比眷恋，为业报所缠缚。业报决定人的轮回，行善的成善，行恶的成恶。人若崇信神明，修行吠陀，则死后投入天道。人若信修吠陀，但所行次于投天道者，则死后投入祖道，转生为婆罗门、刹帝利、吠舍等。人若不信奉神明，违逆种姓义务，则死后投入兽道，转生为旃陀罗或动植物等。若人能彻底摈弃尘世生活，修行各种苦行、布施、实语、禁欲等，则可以直观阿特曼的本质，亲证梵我如一，而获得解脱。

婆罗门教崇尚祭祀，其祭祀可分为家祭与火祭两种。家祭主人事，在家中进行，一般分为12种：受胎、成男、分发、出生、命名、出游、哺养、结发、剃发、入法、归家、结婚。火祭又称天启祭，分供养祭与苏摩祭两种。供养祭是以动植

埃洛拉石窟中，佛教、婆罗门教和耆那教三种宗教艺术在这里齐放异彩。

探索古文明 古印度

物供养诸神及祖先,一般分7种:置火礼、火祭、新满月祭、初穗祭、四月祭、兽祭、修陀罗摩尼祭。苏摩祭是以苏摩酒供诸神与祖先,凡不属供养祭的都属苏摩祭,一般有6种:火神赞、力饮祭、即位祭、马祭、人祭、全祭。

婆罗门教将人类社会分成四种姓,即婆罗门、刹帝利、吠舍、首陀罗。婆罗门即从事宗教活动的祭司。刹帝利是王族及武士。吠舍是从事生产活动的农民、手工业者等。首陀罗则是奴隶。另外还有无种姓的旃陀罗,被称为"扫除污物"的贱民。婆罗门教宣说四种姓是为神所造,种姓世袭,婆罗门为世界之首,至上高贵。

历史档案馆

吠陀

吠陀本意为知识,它是印度最古老的文献材料和文体形式。如果要类比,大概相当于中国的"经"或"经典"。著作吠陀的时代被称为印度的吠陀时期。它使用比印度梵语更为古老的语言,称为吠陀梵语。《吠陀经》原本篇幅极长,为了使人们容易接受,在传承过程中渐渐被分成《梨俱吠陀》《娑摩吠陀》《耶柔吠陀》《阿闼婆吠陀》四部,这四部《吠陀》文献合称"本集",由祭祀仪式中奉献给众神的颂歌构成。吠陀是印度宗教、哲学、文学甚至各门学问的基础。

第三章 古印度人的神灵世界

公元前6世纪,古印度经济高速发展,强国争霸。在这样的社会背景下,新的宗教也建立并兴起。这一时期,古印度的宗教形成了百家争鸣的局面,时称"沙门思潮",此后婆罗门教与沙门思潮之间进行了长期激烈的斗争。

婆罗门教教徒以素食为主,在进食前还要默默祷告。

探索古文明 古印度

耆那教

公元前6世纪—公元前5世纪

耆那教与众所周知的佛教有很多相同之处。与释迦牟尼一样,耆那教创始人大雄也生活在公元前6世纪,创教前也是王子;耆那教也主张种姓平等;此外,耆那教还严禁杀生,主张严格的禁欲主义。所不同的是,耆那教主张苦行以达到解脱。因此耆那教的修行就是离开家庭、远遁山林,过着各种折磨自身的生活。

耆那教的创立

耆那教,六师外道之一,佛典中又称尼乾外道、裸形外道、无渐外道等。其创始人为被该教信徒称为"大雄"的尼乾子,原名筏驮摩那,属于刹帝利种姓,他和释迦牟尼生于同一时代。传说他出生于吠舍离王族家庭,长大后结婚生子,28岁双亲俱亡,30岁出家做沙门,专修苦行。12年后在一棵婆罗树下悟道。此后30年内,他的足迹遍及摩揭陀、鸯伽、迦弥湿罗等地,到处

耆那教创始人大雄像
大雄所创建的耆那教为六师外道之一,是反婆罗门教的一个新教派。

耆那教寺庙建筑以其精美细致的雕刻装饰和富丽堂皇的内部空间而著称，其造型富于变化。华美精致、引人注目的建筑装饰让人印象深刻。

传教，创建耆那教团，72岁死在白瓦。该教反对婆罗门教的吠陀天启和祭祀万能纲领，认为苦乐皆由前世所造，必然应偿，不可改变，吠陀和祭祀都不能使罪人解脱。该教也反对婆罗门教的婆罗门至上纲领，主张种姓平等。

耆那教的思想

耆那教认为宇宙由"命"与"非命"组成，命有动与不动两种。动的命是被束缚的众生，轮回于世间，普遍存在于一切存在之中，其种类可分6种：单根（身），如植物；二根（舌、身），如虫；三根（鼻、舌、身），如蚁；四根（眼、鼻、舌、身），如蜂；五根（眼、耳、鼻、舌、身），如兽；六根（眼、耳、鼻、舌、身、

> 耆那教认为宇宙由"命"与"非命"组成，命有动与不动两种。

意），如人。不动的命存在于地、水、火、风4大元素之中。非命分为定形与不定形两种。定形的非命由最小且不可分的原子组成，具有色、香、味、触的属性。不定形的非命由时间、空间、法、非法组成。时间为一切存在的持续、变化、运动提供可能性。空间是一切存在和运动的场所。法是运动的条件，如水能帮助鱼游动。非法是静止的条件，如树荫为旅客休息提供了方便。

耆那教认为一切有生命的物类本性是清净圆满的，但为业所系缚。业是一种特殊的、细微不可见的物质，其流入命并附着于命上。业有8类：智业障覆命的智慧；见业障覆正确的直觉；受业障覆命的幸福，滋生苦乐；痴业障覆正信，产生情欲；寿业决定生命长短；名业决定身体的特质；种业决定种姓、国籍；遮业决定性力。若要解脱，必须制御8业。制御方法需持五戒（不杀生、不欺诳、不偷盗、不淫欲、不蓄私财）、修三宝（正智、正信、正行）。

耆那教实行各种苦行，利用各种方法来折磨自己，以一颗无比虔诚的心乞求神灵的眷顾与饶恕，甚至用饿死的方法来了此一生。认为只有苦行才能排除旧业，使新业不生，达至寂静，使命呈现原有的光辉，脱离轮回苦，获得解脱。

六师外道

我们常听到"邪魔外道"一词，那么什么是"外道"呢？佛教认为，修行应该向人的内心求得自性清静，因而一切向外而求的修行方式都是错误的，称为"外道"。引申开来，佛教以外的其他宗教哲学派别也被称为"外道"。在释迦牟尼时代，印度思想界百家争鸣，非常活跃，除佛教外有6个影响较大的思想学派，被佛教称为"六师外道"。

第三章 古印度人的神灵世界

博大精深的佛教

公元前6世纪—公元前5世纪

传说在古印度，有一位智者，他刚一出生，便行走七步，一手指天，一手指地，口中说道"天上天下，唯我独尊"。他是谁？他便是佛教的创立者释迦牟尼。释迦牟尼本为王子，为脱离生死轮回之苦而出家修行，三十岁彻悟而创立佛教，从此终生说法，广收门徒。佛教最终形成博大精深的理论体系，并走出印度，传播到世界各地，成为世界三大宗教之一。

佛教的创立

　　佛教与耆那教同时兴起，其创始人为乔答摩·悉达多。释迦牟尼是他成道以后所获的称号，意为"释迦族的圣人"。释迦牟尼所提倡的哲理，以及由他开始的宗教运动对东方文明影响深远。释迦牟尼是位于今天印度、尼泊尔交界处的迦毗罗卫国的王子，后来离开宫廷出门修行。当时有志探讨哲理的青年人，往往采取自行流放式的修行途径。他们认为，人人都可出家，自立宗派，以求解脱，时人称为"沙门思潮"。当时许多新教派都是沙门思潮的产物。据佛传所述，释迦牟尼追求解脱，经过长期而曲折的历程终于悟道。他最初问道于婆罗门教学者，悟出此教以祈祷、祭祖等礼仪希求灵魂得救是无济于事的。于是弃苦行而专究哲理之道，透悟后建立佛教，广收门徒，被门人奉为"佛陀"，意即觉悟者。由于他宣扬的佛教哲理，既博大精深，又平易近人，因而其家乡迦毗罗卫以及恒河中下游广大地区接受佛教的信徒越来越多，盛况超过大雄耆那教。佛教是在对以婆罗门教为代表的古代文明批判和继承的基础上产生和发

探索古文明 古印度

鎏金纯银阿育王塔

展起来的，因此它具有很强的生命力。它的产生结束了婆罗门教一统天下的历史，标志着吠陀文明的没落，同时也标志着一个新文明发展阶段的开始。

主要教义

佛教同耆那教一样承认生命轮回之说，并认为信教修行的目的是摆脱轮回，达到涅槃之境。但它不像耆那教那样强调苦行修炼，而是主张进行哲理思考，了悟万物因缘，进而悟道，达到永恒的存在，这就是不生不灭的涅槃。在对待摆脱轮回的人生问题上，释迦牟尼倡"四谛"之说，从哲理角度阐述佛教所提倡的真理。四谛包括苦谛、集谛、灭谛、道谛。苦谛是佛教讲道的起点，也就是从人生的各种苦恼现象说起，宣扬人生有生、老、病、死、求不得、爱憎恨、生别离、五盛阴8种苦。集谛，说明形成苦的各种原因。佛教避免从客观条件

第三章 古印度人的神灵世界

出发分析苦因，而专从主观方面探求，认为苦的根源在于各种欲望不能从根本上得到满足。苦是以前欲望的果，果又成了以后的因，因果相袭，人生轮回不已。灭谛，说明佛教的目的是消灭苦，佛教认为消灭苦的关键在于消除欲望。道谛，说明佛教修道的主张和途径，包括八正道：正见即信仰正；正思维即决心正；正语即言语正；正业即行为正；正命即生活正；正精进即努力正；正念即思念正；正定即精神集中，禅定正。八正道大体包括两方面：一方面从理论上领悟佛陀所宣扬的教义，以提高信徒的宗教智慧；另一方面从静坐中体验佛陀所宣扬的境界，以提高信徒的宗教修养。由释迦牟尼所创立的学说完全排除了婆罗门教关于世界起源和人生意义的理论，从根本上否定了吠陀经典存在的合理性。和其他学派相比，佛教理论更加完善，因此也就产生了更大的影响。

佛教是作为众多沙门流派的杰出代表和集大成者而出现的，因此它反对婆罗门教的特点最为突出。佛教与婆罗门教的最大不同之处，是宣扬"众生平等"。婆罗门教认为神主宰人的命运，神人当然不平等，种姓之间也无平等可言。佛教则认为神与人及众生都是平等的，社会上的不同种姓只是由于不同职业分工形成，而不是自然如此。从这一点看，佛教显然具有积极意义。

我被雕塑的时候一定是开了"美颜"。

佛教的影响

释迦牟尼去世之后，尸体被焚化而得到舍利。为了争夺佛陀的舍利，摩揭陀国、迦尸国、迦毗罗卫国等国和独自占有舍利的拘尸那揭罗国发生了争战，最后舍利被分为8份，分别建造佛塔加以供奉。这时佛教团体已初具规模，并且规定在家修行的普通信徒

古印度佛教雕塑

只要表示皈依佛法，接济僧众，并实行不杀生、不偷盗、不邪淫、不妄语、不饮酒五戒即可，这大大方便了佛教在群众中的传播。公元前5世纪70年代，佛教徒第一次在摩揭陀国都集会，首次写定佛教经典，此后佛教得以迅速发展。由于佛教本身没有最高领导机构，因而难免走向分裂。公元前4世纪初，佛教徒举行第二次集结，佛教分裂为上座部和大众部两派，并进一步审定律藏。公元前253年，阿育王召集第三次集结，进一步推动了佛教经典的编定和佛教向国外的传播。

而佛教的远传，则表现在阿育王派名僧高士奔赴远方绝域弘扬佛法的事业上。阿育王广派传教士，东赴缅甸，南下锡兰，西达塞琉古和希腊诸国，北进克什米尔以及中亚，使佛教不仅在印度内部广为传布，而且冲出国界弘扬天下，变成世界性的宗教。这次集结成为早期佛教达到鼎盛的标志。但是由于外族的入侵和国内长期的战乱，佛教在印度的传播逐渐减弱。到现在为止，印度国内信仰佛教的人已经不多，相反在世界其他地区佛教却有大批的信徒，成为与基督教和伊斯兰教并列的世界三大宗教之一。

历史档案馆

什么是"涅槃"？

"涅槃"一词，你肯定不陌生。那么，你了解"涅槃"的真正含义吗？涅槃是梵语，也译为涅灭度、寂灭、无为、解脱、安乐、圆寂、不生不灭等。佛教教义认为，涅槃是将世间所有一切法都灭尽，圆满而寂静的状态，所以涅槃中永远没有生命中的种种烦恼、痛苦，从此不再受下一世的六道轮回。涅槃又分为四种：自性清净涅槃，有余依涅槃，无余依涅槃，无住处涅槃。

第三章 古印度人的神灵世界

印度教

公元 8 世纪—公元 9 世纪

> 印度教是现代印度共和国最主要的宗教之一，论其起源，要追溯到婆罗门教。在婆罗门教创造的种姓制度之下，四个种姓严格区分，等级森严，保守僵化，逐渐引起了各阶层的不满。各种哲学思潮甚至婆罗门教内部不同派别先后兴起，互相吸收调和。在此基础上，婆罗门教逐渐演变为印度教。印度教吸收了各教派和思想的要义，迎合了民众，逐渐成为印度的主流宗教。

融合百家的印度教

公元前800年前后，吠陀时代的思想逐渐由西北方转向恒河流域的中印度，而多神教的崇拜也转为一神教——对所谓"梵天"的信仰。随着"梵天"地位的确立，他们又创造出"梵天生四姓"之说，即婆罗门、刹帝利、吠舍和首陀罗种姓制度，作为掌握政权的刹帝利种姓，其重要决策及宗教大事还得听命于婆罗门种姓。"梵天生四姓"之说在当时的印度已占统治地位，但不满这一理论者仍然有之，于是诸派哲学都应运而生，如数论、胜论、吠檀多……都有各自的不同宗教主张。后来，吠檀多派既远承古籍又有所发展，对分歧的各派哲学做了调和，成为印度宗教思想的正统，也称为印度教。因此印度教是婆罗门教演化的结果。由于印度教是一个综合了多种教派而形成的宗教体系，没有单一的宗教信仰，崇拜"多神"，这些神祇包括吠陀诸神和婆罗门教诸神，但是该教派有三大主要神明，即梵天、毗湿奴和湿婆。三个大神又有各自的配偶和化身以及变相，故而印度教的神明是不计其数的。后期印度教主要崇拜"梵天"。

◆ 湿婆雕像

◆ 印度教绘画

印度教各派在不同时期有不同寻求"解脱"的方法。他们的方法虽异，但万变不离其宗，又有其共性。

从《梵书》到《奥义书》，也是印度教"梵我合一"思想逐步形成的过程。其实在《吠陀》文献《三希塔》里所强调的信仰理念，主要以祭祀为主，此时咒语并无突出的地位。但在其后《波拉呼马那》（《梵书》《祭仪书》）里，表面上似乎是继承了《三希塔》以祭祀为主的传统，实际上在祭祀的外表之下，真正主导的却是咒语，这时他们想要借咒语来支配万物。

至于其后兴起的《奥义书》，其思想在演变之中，就形成了"梵我合一"的说法，也就是我与万物是同一的思想。印度文明与近代西方文明接触之后，《奥义书》的思想就借由翻译广泛地流传到西方，并且对西方文化产生了不小的影响。

印度教的主要教义

苦行也可以说是印度教的主要特色之一，在初期的吠陀文献里，

第三章 古印度人的神灵世界

☙ 毗湿奴,印度教三大神明之一,是"维护"之神。其性格温和,对信仰虔诚的信徒施与恩惠,而且常化身成各种形象拯救危难的世界。

探索古文明 古印度

梵天是印度教婆罗门教的"创造之神",虽然梵天在印度教里是三位主神其中的一位,但很少有印度教徒真正崇拜他。如今,印度供奉梵天的寺庙极为少见。

就出现了"苦行"这样的词语。而具体方法包括断食、凝视火、长时间独脚站立、在某些祭礼中唱赞歌时停止呼吸等。至于另一类型的苦行就是"瑜伽",瑜伽不单纯是苦修,而是"苦行"加上"静观",因此不仅在于使肉体痛苦,同时也重视冥想的作用。

印度教显示出强烈的宿命思想,印度教徒相信自身的行为存在一种必然性的力量,让自身陷入轮回之中,直到寻求到解脱之路为止。这种牵引自身的力量就是业法。这种法则更认为一个人,无论他是何种种姓,唯有尽力完成该种姓所应有的义务,才可能从"业"的力量里面获得解脱。就业的理论来解释,这是过去所做的行为所产生的结果。事实上,印度教对法的强调,更加维护了种姓制度。印度教徒认为业的力量不仅会影响自身,甚至会影响祖先。例如,如果一个人不能完成其职责,且又杀害家族成员的话,则其祖先都会被重新判入地狱。

印度教也主张非暴力不杀生,在业和轮回的观念驱使下,要求人们要忍耐。不杀生和忍耐的观念使得印度人在后来的伊斯兰教和西方殖民者的压榨下,以超乎想象的容忍力生存着,就连甘地后来倡导的非暴力不合作运动也是对这一教义的直接发扬。

历史档案馆

苦行

苦行是一种宗教修行方式,主要流行于古印度的一些宗教,如婆罗门教、印度教、耆那教等。苦行一般用常人难以忍受的种种痛苦来折磨自己,以达到解脱的境界。在印度,如果你在街上见到蓬头垢面、衣衫褴褛,还带着象征湿婆神的三叉杖,边走边吟诵古经文的人,那便是苦行的人。苦行者必须忍受常人认为非常痛苦的事,比如长期断食断水,躺在布满钉子的床上,行走在火热的木炭上,忍受酷热、严寒等,以此来锻炼忍耐力和离欲。

探索古文明 古印度

意蕴深远的印度哲学

始于公元前 2000 年前后

　　哲学是一种文明区别于另一种文明的重要标志，意蕴深远的古印度哲学就体现了古印度人独特的思维方式。古印度哲学各派别的思想都来源于吠陀时代的经典《吠陀经》，类似于中国的《易经》。从大的方面来说，古印度哲学分为正统派和异端派，承认《吠陀经》经典地位的即为正统派，否定的则为异端派。正统派即常说的六派哲学，包括弥曼差、吠檀多、数论、瑜伽、胜论、正理论；而异端派则为佛教、耆那教及顺世论派，不过它们的思想其实也来源于吠陀经典。

古印度哲学的源头

　　古印度哲学可以追溯到吠陀时代。吠陀哲学主要以探究印度哲学思想的渊源《吠陀经》为主，特别是《梨俱吠陀》中所蕴含的哲学思想。它虽然是朴素的、非系统的，却也相当丰富且深刻，对后吠陀哲学、宗教派别的形成和发展有着直接影响。

　　吠陀哲学可以归结为两个基本观点，即"永恒的观点"与"非永恒的观点"。前者设定宇宙间存在着一个永恒的精神实在，反映了吠陀唯心主义哲学的基本思想。后者否认宇宙间有所谓永恒的精神实在，反映着吠陀唯物主义哲学的基本思想，这是古印度最原始唯物主义的思想资料。

　　印度哲学史的一个特点是：唯心主义哲学在形式上支配着印度哲学思想发展的全过程，唯物主义只是作为唯心主义的批判对象而存在。顺世论派作为唯

悉多和罗摩的兄弟罗什曼那一起,观看神猴哈奴曼崇拜罗摩的情形。悉多,作为掌管农业和植物的女神,以及作为战神因陀罗的妻子出现在印度圣卷《吠陀经》中。然而根据印度史诗《罗摩衍那》所记载,她又是毗湿奴的化身罗摩的妻子,国王遮那迦的女儿。

物主义的重要代表,其主要观点是:世界的基础是物质,物质的运动在于物质的内因。

《奥义书》——古印度哲学的集大成之作

《奥义书》既是吠陀文献的末尾,又是对吠陀哲学的总结,故又称为"吠檀多"。《奥义书》主要对吠陀原人原理进行总结,并在此基础上做出了重大的发展,即按原人的哲

摩诃菩提寺,是佛祖释迦牟尼悟道之处,也是佛教信徒心目中最神圣的地方。

理内涵提出"原人、梵、我"三位一体的原人即梵、原人即我的新理论体系。伴随着这一理论体系的发展，构建了一系列与梵我相对应的范畴，用以说明梵我幻现的情世间和器世间。

《奥义书》对婆罗门教教义的解释，有明显的思辨色彩，已经涉及哲学上的宇宙本原、灵魂与肉体的关系等重要问题，表现出唯心论的特点。不过《奥义书》也有唯物主义的色彩，尤其是在万物本原上，它的一个著名哲学概念就是说"风"是世界的本原。

来源于古印度哲学的佛教思想

佛教哲学思想从根本上说也是来源于《吠陀经》和《奥义书》，虽然它已异化于后者，构建了一个庞大的宗教哲学体系。佛教哲学包括两方面。

一方面是佛教辩证法大师龙树的辩证学说，对他的理论体系中的核心部分——四句逻辑（四句说明一个道理，形成一个逻辑整体）、八不模式（如"不生亦不灭，不长亦不断，不一亦不异，不来亦不出"）、三谛原理（空、假、中），提出新的、比较准确的解释。

另一方面是佛教的缘起实在论。佛教的小乘和大乘哲学在对经验世界的客观现象的观察中有一个认识论上的共识，即认为世间事物的产生、暂存、衰变、消亡的过程由因缘所制约。因缘是佛家关于事物之间相互依存、互为条件、互为因果、相生相克的普遍规律的特殊表述，类似现代哲学中的关系网络论。

> 佛教的小乘和大乘哲学在对经验世界的客观现象的观察中有一个认识论上的共识，即认为世间事物的产生、暂存、衰变、消亡的过程由因缘所制约。

佛祖传说

公元前565年—公元前486年（或公元前624年—公元前544年）

佛祖的故事也是佛教经典的一部分。故事中佛祖的行为和其实行的准则往往被后来的佛教徒视为圭臬。人们几乎已经忘却那些敷衍和夸张的内容，也许人们看重的是故事所蕴含的哲学精神，而远非故事本身。

王子出身，慈悲为怀

公元前7世纪，雅利安人的一支释迦族在印度的北方（今尼泊尔境内）建立了迦毗罗卫国。当时有个叫净饭王的国王，他娶了天臂城王国的公主摩耶夫人为后。传说摩耶夫人45岁才怀孕，按印度的习俗回娘家分娩。但还未到娘家就在途中的兰毗尼园内的无忧树下生下了释迦牟尼，这一天是四月初八。佛祖刚刚降世就行走7步，并一手指天，一手指地说："天上天下，唯我独尊。"

摩耶夫人在生下释迦牟尼后7天就辞世了，释迦牟尼是在他姨母的抚养下长大的。作为释迦族的王子，释迦牟尼从小就在宫廷中过着养尊处优的生活。他16岁与拘利城的公主耶翰陀罗结婚，并生下一个孩子叫罗姞罗。但是奢华的生活并没有使这位酷爱思考的王子放弃对人生真谛的探寻。转眼之间他已经29岁了，已近而立之年的王子有一天想出城郊游。他先向东门而去，却看到一个暮年老者，佝偻着背，挂着拐杖步履蹒跚地艰难行进，人到暮年的痛苦让他的心头涌上一股莫名的酸楚。于是他向南门而去，却看到了一个没有腿的人在地上艰难地挪爬，这一次又让他看到人的残疾之苦。于是他向西门而去，却看到了一家人为他们至爱的亲人送葬的场面，生离死别的痛苦又一次刺痛了王子

第三章 古印度人的神灵世界

的心。于是他向北门而去，却看到一个苦行之人奄奄一息地拒绝进食，这又使他感悟到了修行的痛苦。这4个场面让这位王子游兴全无，他回到家中心情再也不能平静，思考着为什么人世间到处充满痛苦，何以能够摆脱这人世间的痛苦呢？

后来释迦牟尼遇见了一位出家的沙门（修行者），这位沙门超凡脱俗的气质引起了释迦牟尼的注意。于是释迦牟尼问他："可以问问您是谁吗？自何方而来？您的装束为什么与众不同呢？"沙门答道："人的生老病死，爱怨别离的痛苦让我感到厌倦，芸芸众生有谁逃脱得了这样的痛苦呢？人世间的一切都是变幻无常的，只要有欲念的滋生，就会产生痛苦。我之所以出家就是为了寻找摆脱苦海的真谛啊！你看现在没有什么使我欢乐，也没有什么使我忧愁；在我的眼中没有美丽，也没有丑陋；我没有财欲，也没有淫欲，和世间的名利断绝了关系。我终日游历在寂静的山林之间，没有我'存在'的观念，也没有我'拥有'的观念。我会救助别人的痛苦，向他们宣讲脱离苦海之道，但并不希望得到别人的报酬。我只希望承担别人的痛苦，去解救苦海之中的众生。我若不努力这样做，还能有谁呢？"

释迦牟尼和姨母画像

释迦牟尼诞生7天之后，其母亲就因病过世。之后他就由姨母一直悉心照顾着，姨母是对他影响最大的女人之一。

探索古文明 古印度

释迦牟尼在一个漆黑的夜晚，骑着白马，离开家乡，去寻求脱离苦海的真谛，去寻找普救众生的真理。

毅然出家，苦修求道

沙门的一番话使得释迦牟尼茅塞顿开，宛若在漆黑的航程中遇到了一盏明灯。他想，这不就是寻求解脱之道，脱离痛苦的真理吗？如果要寻求摆脱生死轮回的真谛，就要割舍一切在世间留恋的东西。于是他毅然决定离家出走，去寻找普救众生的真理。在一个暮色深沉的夜晚，他只身翻过宫墙，骑上一匹白马离开了家乡，踏上了寻找普救众生真理的征途。

他首先来到了毗舍离的苦行林中，向薄伽婆仙人请教解脱的真谛。在这里，来自各地的苦行者或身着草衣，或身穿树皮，或裹泥御寒，更有甚者干脆赤身裸体。他们有的每日进食一粒米，有的每周进食一粒米，甚至有人已断食一个月。薄伽婆仙人所倡导的，便是通过对肉体和精神的折磨，来达到转世升天的目的。释迦牟尼在这里思考良久，他想，上天成仙也不能真正地摆脱烦恼，因为这些也没有脱离欲之轮回，最后还是不免要重新坠入苦海。于是他离开苦行林，来到王舍城附近，向阿罗迦难和郁迦陀罗摩两位仙人学习禅定（就是打坐，以求内心的清静）。他的聪慧和坚毅使他很快获得了精深的禅定成就。但他发现禅定固然能使他超然一切，但这又怎能实现他拯救芸芸众生的理想呢？释迦牟尼来到盘茶婆山潜心修行，之后又到尼连禅河畔的森林中研习苦行和禅定，试图用自己的苦行来探寻出人生的真谛。

正当释迦牟尼潜心修行的时候,他的父亲,年迈的净饭王日夜思念儿子,让王子先前的侍从憍陈如等5人寻找王子。他们得到释迦牟尼在尼连禅河畔修行的消息后,纷纷赶来。他们为王子的虔诚所感动,于是放弃了劝说王子回家的念头,和他一起修行。整整6年过去了,释迦牟尼虽然能让自己忍受各种各样肉体上的痛苦,但内心仍有烦恼,依旧思考不出人生的真谛。一日,他来到尼连禅河中沐浴,这时一个叫善生的牧羊女来到河边,看到释迦牟尼羸弱的身体,就给他献上一碗甘美的乳粥。释迦牟尼若有所悟,接过乳粥就吃了下去,吃完之后顿觉心智爽朗。他终于明白苦修也非正道,苦行对于寻求真理也是无济于事的。但是憍陈如等5人见此状大为惊异,以为他们崇敬的王子已经丧失了修行的意志,感到异常失落,不愿再追随王子,也不想再回到家乡,于是前往波罗奈的鹿苑中修行。

释迦牟尼来到波罗奈附近伽耶地方的一棵菩提树下,跏趺而坐,并立下誓言:"若不成正觉,不起此座!"蛰伏的魔王害怕释迦牟尼得到真谛,就派遣恶魔来骚扰他。先是派魔女来诱惑他,但他不为所动,依然潜心正定地进行苦苦思索。魔王见此法无济于事,又派罗刹来威胁释迦牟尼,他们向释迦牟尼投掷利器,但利器都一一化成了花瓣。一直到七七四十九天后的一个夜晚,释迦牟尼张开双眼目睹晴朗的夜空,豁然开朗。至此,他彻头彻尾地悟出了人世间的真谛,成为人间的佛陀。佛陀感悟到的真谛,正是众生由于种种妄想和执着产生的错觉而忽视的。这些真谛就是苦、集、灭、道四种真理。

佛光普照,度化众生

佛陀觉悟之后,感慨世人的错觉和自己所悟的真理相违,宁可永入涅槃,也不愿转法轮(度化众生)。《佛本生经》上说,梵天三次诚心恳求,希望佛陀宽容世人无知,怜悯他们终日沉浸在苦海之中,以慈悲为怀,宣真谛于世,拯救芸芸众生。佛陀最终感悟,答应宣道于世,于是离开菩提树下的金刚宝座,

探索古文明 **古印度**

印度阿旃陀石窟

阿旃陀石窟于公元前2世纪开凿，一直延续到7世纪中叶，现存30窟，以壁画艺术著称于世。

开始度化世人。这一年他35岁，在此后的45年中，佛陀一直致力于宣扬佛法。

佛陀以宽容为怀，不计当年憍陈如等5人对他的背弃，首先来到波罗奈附近的鹿苑，度化憍陈如等5人。佛陀给他们讲了自己领悟到的四个真谛和八正道，也就是传说中的初转法轮。听到佛陀的真挚教诲，又感于他的宽容，他们羞愧难当，悔恨当初不该猜疑佛陀，于是从此至诚追随佛陀，潜心研习和宣扬佛法，成为佛陀最先度化的5位比丘。自此以后，维持佛教留传世间的"三宝"便已齐备，即佛宝（佛陀）、法宝（四谛、五戒、十善和八正道）、僧宝（5位比丘）。

此后佛陀游历南北，广收门徒。他来到优楼频罗村，对信仰拜火教的迦叶三兄弟宣四谛之说。三兄弟遂舍弃外道，皈依佛门。尤其是大迦叶，被尊为佛陀的十大弟子之首。传说他年轻时长得英俊潇洒，但他修行之心甚坚，与他的妻子结婚12年却从未同床。皈依佛门后，他又度化妻子为比丘尼（尼姑）。

功德圆寂，舍利八分

佛陀40多年的教化，所有的因缘都已度尽。他自感涅槃将近，便选择在拘尸那城的娑罗双树之下为入灭的场所。佛陀的另一大弟子阿难按佛陀的吩咐，在两株娑罗树之间搭建一床。佛陀向右侧卧其上,头朝北,面朝西,安然圆寂。佛陀涅槃之后,弟子们用金棺收敛圣体。当时弟子大迦叶正在外游历讲道,闻讯之后,悲痛不已,匆忙而归。大迦叶站在佛陀的灵柩之前,佛陀突然伸出一条腿来,大迦叶会意,这是佛陀要他统领教团人,成为第一长老。大迦叶起誓担此大任,佛陀便将腿收入棺内,金棺随即自己起火燃烧。

佛陀的舍利(遗骨)开始为拘尸那城王所得。被佛陀度化的其他诸王不服,纷纷要求自己供奉佛陀真身舍利,于是兴起战端。后经调解,将舍利用金杯称量分成8份,8国各建塔供奉一份。这8处都建于佛陀生前重要的游历之处:佛生处——迦毗罗卫国兰毗尼园,成道处——摩揭陀国尼连禅河菩提树下,初传道处——迦尸国波罗奈城鹿苑,现大神通处——舍卫城园精舍,天下降处——桑迦尸国曲女城,化度分别声闻处——王舍城,思念寿量处——毗舍离城,涅槃处——拘尸那城娑罗双树下。

自此之后,佛陀悟得的真谛便被他的弟子们发扬光大,他的事迹和传说也被人们广为传颂。

如来与佛祖

我们都知道,佛祖指释迦牟尼。经常也听人说"如来佛祖",那么这样说到底对不对呢?其实,如来的意思是"无所从来,亦无所去,故名如来"。就是说,佛性本就在,并不是学来的,所以不能说学"来"了,当然更不能学"去"了,所以说"如来",就是"好像来了"。所以,后来"如来"一词又成为释迦牟尼的十大尊号之一。我们可以说释迦牟尼佛,或者释迦牟尼如来,说"如来佛"便不对了。

探索古文明 **古印度**

古印度佛教诸神

公元前 6 世纪—公元前 5 世纪

> 如果你喜欢看古典小说《西游记》，一定会惊叹于如来佛祖的法力无边、观音菩萨的有求必应、菩提祖师的神通广大……可以说，《西游记》是一部神话小说，而佛教诸神就占了一半以上。那么你想了解佛教的诸神体系吗？想知道佛教诸神与古印度文化的关系吗？那就让我们一起去探寻吧！

古印度佛教博大精深、源远流长，在悠远的历史长河中，形成了体系庞大的佛教诸神。接下来，就让我们一起来了解那些似曾相识而又说不清、道不明的佛教诸神吧！

三世佛

在中国古典小说《西游记》中，如来是地位最为尊贵、法力最为广大的神。实际上，如来便是古印度佛教的创立者释迦牟尼。如来也好、佛也罢，都是释迦牟尼的尊号之一。由于释迦牟尼本人在佛教中的尊贵地位，他自然成为佛教神话中法力最为广大的神之一。

不过，除了如来，你肯定也听说过阿弥陀佛、弥勒佛等，那么这些佛与如来又是什么关系呢？原来，在佛教神话中，有三世佛之说。在释迦牟尼之前的，叫作过去佛，就是著名的燃灯古佛；如来就是现世佛；而未来佛就是弥勒佛。除此之外，还有一种三世佛的说法：释迦牟尼佛，主管中央娑婆世界；阿弥陀佛，主管西方极乐世界；药师佛，主管东方净琉璃世界。

🕯 燃灯佛与苦行僧

四大菩萨

在佛教中，菩萨为"菩提萨埵"一词的简省，本指发愿学佛，并协助佛传播佛法的人。因而在佛教神话中，菩萨便是比佛低一个等级的神。最为中国人所耳熟能详的有四大菩萨：文殊菩萨，智慧、辩才第一，为众菩萨之首，被称为"大智文殊菩萨"；普贤菩萨，辅助释迦牟尼佛弘扬佛道，且遍身十方，被称为"大行普贤菩萨"；观音菩萨，全称尊号是"大慈大悲救苦救难观世音菩萨"，具有无量的智慧和神通，大慈大悲，普救人间疾苦；地藏菩萨，地藏菩萨曾发愿"地狱未空，誓不成佛"，被称为大愿菩萨。在释迦牟尼灭度后、弥勒佛降生前的无佛之世留住世间，教化众生。

天龙八部

佛教中，天龙八部指护教的八种神魔，以天、龙两大部众最为重要，故称"天龙八部"。八部众分别指：一天众、二龙众、三夜叉、四乾达婆、五阿修罗、六迦楼罗、七紧那罗、八摩睺罗伽。

探索古文明 古印度

观音菩萨像

观音菩萨是佛教中慈悲和智慧的象征，在佛教众多菩萨中，最为民间所熟知和信仰。观音菩萨最能适应众生的要求，对不同的众生，现化不同的身相，说不同的法门。

天众就是生活在各层天的众生，他们的生活比人间优渥得多，寿命也长得多。天众当然也包括天王，如帝释天（原为雷雨神兼战神）、大梵天（原为婆罗门教的创世神）等，还有多闻天、持国天、增长天、广目天、大自在天、吉祥天等皆属于天众。

龙众即龙王，是护卫佛法的有功之臣，专司兴云降雨。在佛经里，龙拥有大量的珠宝，是海里的富豪。这一点和中国的龙有相似之处。

夜叉是佛经中的一种精灵，又译"药叉"。"夜叉"本义是能吃鬼的神，

第三章 古印度人的神灵世界

又有敏捷、勇健、轻灵、秘密等意思。在佛教神话中,夜叉本为恶鬼,后受释迦牟尼佛教诲,成为护教八部众之一。佛教中,北方毗沙门天王即率领夜叉八大将,护众生界。

乾达婆被称为香神或乐神。原为婆罗门教崇拜的群神,据称是侍奉帝释天而司奏伎乐之神。乾达婆是佛教中欢乐吉祥的象征。大多被描述为少女形象,体态丰满,飘带飞扬,凌空飘荡,极为优美。

🌿 阿修罗

阿修罗早在佛教兴起之前,就已经在古印度神话中存在了。原为恶神,佛教经典称之为"非天"或"劣天"。阿修罗容貌丑陋,惯于挑起争斗,是彻头彻尾的恶魔。不过,在阿修罗族中,男的极丑,女的极美。因为阿修罗族有美女而无美食,而帝释天正好相反,有美食而无美女,所以阿修罗与帝释天两族经常争战。经过长年累月的战争,阿修罗族最终战败,被逐出天界,住在弥卢山洞窟中。

迦楼罗是非常厉害的一种猛禽。佛经中称它为金翅鸟、妙翅鸟等,《西游记》中便有金翅大鹏鸟的形象。迦楼罗居住在四天下的大树上,宝相庄严,浑身金光闪闪,两翅之间的翼展竟有168万千米之多。巨鸟迦楼罗平时靠捕龙为食,不过这龙可不是中国神话传说中的龙,印度神话中的龙是大毒蛇。

🌿 紧那罗

紧那罗也被称为歌神、歌乐神、音乐天。他原为印度神话中的神仙,佛教兴起后,被吸收为天龙八部众中的歌神。紧那罗外形像人,但是头顶长有一角,人见而起疑,故也称为疑人、疑神。紧那罗拥有美妙的歌喉,还善于舞蹈,是天帝的执法乐

探索古文明 古印度

阎罗王雕像

> 我比我的"中国同行"是不是温柔许多?

神。在佛教画作中,紧那罗通常膝上安置横鼓或两个竖鼓,做击鼓演奏法乐之势。

摩睺罗伽又译为大腹行、大智行、大智腹行、大蟒蛇、大蟒神,为八部众之一。摩睺罗伽是与天龙相对应的地龙,为无足腹行神,受世间神庙所供酒肉。

十殿阎罗

阎罗王又称阎魔王、阎罗、阎王等。"阎罗"本义为缚,即抓捕有罪之人。在古印度神话中早已存在,负责管理冥府。佛教兴起后将阎罗的形象收入佛教体系,称阎王为管理地狱之神。据《问地狱经》记载,阎罗王本是毗沙国的国王,在与维陀始生王的战争中因兵力不敌而战败。其后立誓,愿主宰地狱。于是阎罗手下的十八大臣率领所属百万之众共同立誓,辅佐阎罗王主管地狱罪人。此后十八臣衍化为十八层地狱各小王,百万之众转化为地狱的狱卒。

阎罗王在中国唐代以后,又衍化为地狱的象征。分为十殿,十殿均有主,称地府十王。十王各有名号,合称十殿阎王。

十八罗汉

罗汉是"阿罗汉"一词的简称,本义为"杀贼""无生""应供"等。杀贼是杀尽烦恼之贼,无生是解脱生死不生不灭,应供是应受天上人间的供养。

而所谓"十八罗汉",均为释迦牟尼佛的弟子。佛教认为,十八罗汉是十八位永住世间、护持正法的阿罗汉。

第一位,曾经乘坐鹿进入皇宫劝说国王学佛修行,俗称"坐鹿罗汉"。

第二位,在很久以前,是一名雄辩家,他在辩论时,常带笑容,所以叫欢喜罗汉。

第三位,是一位托钵化缘的行者,所以称举钵罗汉。

第四位,托塔罗汉,是佛陀所收的最后一名弟子,因其怀念佛陀而常手托佛塔。

第五位,称为静坐罗汉或大力罗汉,因为他过去是武士出身,所以力大无穷,能搬动任何重物。

第六位,是佛的侍者,称过江罗汉。他是一名贤者,过江似蜻蜓点水。

第七位,佛的侍者,称骑象罗汉。他原本是一名驯象师。

第八位,笑狮罗汉,原先是一名猎人,因为学佛,所以不再杀生,狮子来谢,故有此名。

第九位,开心罗汉,据说开心罗汉在出家前是一名乞丐,曾袒露其心,使人觉知佛于心中,所以就叫他开心罗汉。

第十位,因打坐完经常把手举起伸懒腰,所以叫探手罗汉。

第十一位,沉思罗汉,是释迦牟尼的亲生儿子,佛陀十大弟子中,佛法道行是居首位的。

第十二位,以论耳根清净闻名,所以称挖耳罗汉。

第十三位,经常背着一个布袋,脸上时常挂着笑容,故被称为布袋罗汉。

第十四位,出家后常在芭蕉树下修行,有一天终于在芭蕉树下修成正果,所以叫芭蕉罗汉。

第十五位,跟骑象罗汉一样,也是佛的侍者,传说自出生时就有了两条长眉,

仰光大金塔表面铺了一层金，整座金塔宝光闪烁，雍容华贵，每到夜晚，金塔灯光通明，蔚为壮观。它被称为东方艺术的瑰宝，是驰名世界的佛塔，也是缅甸国家的象征。大金塔供奉了释迦牟尼的 8 根头发，是东南亚佛教徒朝拜的圣地。

所以叫作长眉罗汉。

第十六位，看门罗汉，是探手罗汉的弟弟，为人尽忠职守。

第十七位，降龙罗汉，早在古印度之时，龙王偷佛经，他曾降服过龙王，夺回佛经，立了大功，所以叫作降龙罗汉。

第十八位，伏虎罗汉，因为在寺庙外经常遇到一只饥饿的老虎，他把他的斋饭分给这只老虎吃，所以就叫伏虎罗汉。

除此之外，佛教还有所谓四大金刚、五方揭谛、十大弟子、十九伽蓝、二十四诸天等神话人物，其体系可谓纷繁庞杂。不过，从佛教本身来说，并没有什么神或非神的说法，都称为众生。只是从这些佛教神灵中，我们依然可以窥见佛教及古印度文化之一斑。

佛教和婆罗门教的关系

公元前 6 世纪—公元前 5 世纪

在某种意义上可以说，没有婆罗门教就没有佛教。佛教是对婆罗门教的一种"扬弃"，而它们之间在印度历史的特定时期里又存在着此消彼长的关系。不过在印度，最终婆罗门教还是以印度教的"身份"压倒了佛教。

佛教和婆罗门教在印度历史上犹如一朵双生花，既争奇斗艳，又相互吸收营养。佛教与婆罗门教的此消彼长，在印度历史上形成了一道独特的风景线，值得我们去好好品味。

佛教与婆罗门教的相通之处

佛教的很多思想，是在吸收了婆罗门教的精神以后发展起来的，它们的相通之处有以下两点。

一是轮回的思想。

轮回思想可以说是印度宗教为世界思想做出的最重要的贡献，世界上古代的其他民族都对人的死亡归宿做了精心的设计，诸如"天堂""地狱"的概念，但是很少有哪个民族能将人的死亡与新生命的诞生联系在一起，古印度人独辟蹊径，提出了轮回转世的观点。最初，轮回思想只是作为婆罗门教的一种个别的思想存在，婆罗门教更关心的是人的"轮回"，也就是人的前世是与后世相联系的，但是这已经与"天堂地狱"学说的线性模式大有不同，即承认作为个体的人之间的某种相互继承关系，甲的前世也许就是若干年前去世的乙。佛教更发展了这一学说，体系更加缜密，认为灵魂会在"天""人""阿修罗""地狱""饿鬼""畜生"六界之间轮回，这就为"不杀生"的思想奠定了理论基础，因为即使是再不起眼的小虫，也可能是什么人的灵魂轮回到"畜生"的结果。

二是"业"的观念。

在古印度人看来，一个人的现世境遇取决于前生的"业"，如果前生作恶多端，那么来世也不会有好的处境；反之，如果前生的"业"很优秀，来世的境遇也会大有不同。佛教的"业"就来源于婆罗门教的"业"的观念。只是，婆罗门教宣扬"业"的观念，是为了巩固婆罗门祭司的统治地位。婆罗门祭司们宣称，现世的人地位不平等，是因为前世每个人修的"业"优劣不同，也通过这样的方式为自己的优势地位打造理论基础。而佛教宣扬"业"的思想是为了告诉人们，通过修"业"，可以达到"涅槃"，也就是断灭的境界。

佛教的本意——批判婆罗门教

佛教的产生有深刻的社会背景，那就是继吠陀时代以后，印度次大陆进入了列国时代，随着社会的发展，各个政治集团为了争夺霸权，纷纷积聚实力，在这一过程中，刹帝利种姓不满婆罗门种姓的垄断地位，迫切想提高自己的地位。在这种背景下，佛教应运而生。

佛教脱胎于婆罗门教，但它的原始教义中有很多都是为了反击婆罗门教，所以我们不用奇怪为什么佛教与婆罗门教之间有千丝万缕的联系。

一是禁止杀生，反对活物献祭。

印度教以往的祭祀仪式，都是由婆罗门祭司来主持的，他们垄断了"与神交流"的权力。为此，佛教提出了一个针锋相对的观点：不能用活物来供奉神灵和祖先，这也就是不承认婆罗门祭司的神圣权力。佛教将修行的责任赋予每一个人，佛教徒认为，人生

> 佛教宣扬"业"的思想是为了告诉人们，通过修"业"，可以达到"涅槃"，也就是断灭的境界。

有"八苦",需要通过修行"八正道"来达到超越自我的境界。婆罗门祭祀的时候常常用牛作为祭品,这种仪式为佛教徒所反对。阿育王皈依佛教以后,就曾下令禁止屠宰牛。

二是反对婆罗门的优越地位。

佛教思想是刹帝利种姓思想的代表,在列国时代,因为战乱频仍,所以靠军事起家的刹帝利阶级的实力急剧膨胀,他们不满婆罗门种姓的优越地位,想在宗教特权中分一杯羹。而此时的婆罗门种姓也已

婆罗门教教徒

今非昔比,有不少婆罗门阶层出身的人为求生计,不得不委曲求全,从事一些低等种姓的工作,失去了以前的威风。

但是即便如此,婆罗门阶层仍然依靠婆罗门教来维护自己的优势地位,尤其是有森严的等级制度保护着他们。古代的印度人,尤其是婆罗门阶层的人,等级观念非常牢固,但是事实经常不遂人愿,出于种种需要,不同种姓之间也时有交流。佛教就一针见血地指出婆罗门阶层的虚伪,认为他们一方面竭力维护既定的等级制度,另一方面自己的出身却不那么"纯"。在佛教经典《佛本生经》中,经常提到一些不学无术、整日招摇撞骗的婆罗门僧。

部分人可能有个误解,就是以为佛教主张打破种姓制度,其实不然。佛教主要代表刹帝利种姓的思想,主要针对的是如何打破婆罗门阶层的统治地位,对于整个种姓制度的改造,并不是佛教关心的重点。种姓制度在印度根深蒂固,佛教作为当时新崛起的宗教,是没有能力动摇种姓制度的。在古印度漫长的历史中,种姓制度不仅没有消亡,而且越来越趋于完善,不仅种姓之间壁垒森严,而且在种姓内部的各个职业集团之间的交流也越发困难。种姓制度在印度显示

出强大的生命力，一种思想要想在印度扎下根来，必须考虑到种姓制度的存在，否则将很难发展，就如印度近代政治家圣雄甘地，想创造出一种跨越各个社会集团的"泛印度教"，因为脱离社会的客观实际，所以最终只能成为空想。再者，佛教宣扬的"众生平等"，只是一种"机会平等"，即每个人都有通过修炼达到最高境界的机会，这种平等也是一种"来世的平等"，即承认现世的不平等，换取来世的平等。

可见，佛教体现的是刹帝利种姓的意志，但是因为它适应了当时的社会潮流，故而流行起来。

佛教的衰落与印度教的兴起

佛教自从创立以后，自身也随着社会的发展而发展。由于佛教的受众主要是劳动人民，而其体现的思想却是刹帝利阶层的思想，所以其本身就存在一定的错位。在反击婆罗门种姓这一问题上，佛教与刹帝利阶层是天然的同盟军，但是当婆罗门种姓逐渐失去它本来的意义以后，刹帝利种姓与下层人民的思想矛盾就凸显出来。正是因为这种对财富的看法不同，佛教分裂为大乘佛教和小乘佛教。大乘佛教显然对慷慨的施舍更加青睐，并且主动地经营起寺庙的地产，这不可避免地使佛教逐渐贵族化；再加上佛教本来就对等级制度的看法含糊其词，使得佛教与普通人渐行渐远。换句话说，佛教正在"婆罗门化"。

梵天本是印度婆罗门教的创造之神，梵文字母的创制者，和毗湿奴、湿婆并称三主神。佛教兴起后，梵天被吸收为佛教的护法神。

第三章 古印度人的神灵世界

🍀 湿婆是印度教中的毁灭之神，也是三大主神之一。根据学者的研究，湿婆身上糅合了古印度原住民文化和雅利安文明的外来文化。

　　反观婆罗门教，在列国时期受到了以佛教为首的各种思想流派的冲击，婆罗门教的信徒不得不摒弃一些陈腐的做法，比如奢侈无比的献祭活动、鼓吹婆罗门至上的教条等，婆罗门教逐渐转变为一种新形式的宗教——印度教。印度教作为一种新兴的宗教，显示出生机和活力，比如过去的印度宗教都是多神观，而印度教由多神观向一神观过渡；再比如印度教将佛陀也纳入了印度教诸神的序列，显示了印度教的包容性。可以说，印度教虽然脱胎于婆罗门教，但是夹杂了佛教和其他印度宗教如耆那教的思想，它是印度次大陆人民智慧的体现。

　　印度的佛教在岁月的涤荡中失去了自己的独特性，与此同时，印度教在汲取众家之长的基础上逐渐壮大，势力此消彼长，再加上外来宗教入侵等因素，佛教在印度逐渐失去了大众的支持，而印度教代之取得了统治的地位。在东亚和东南亚国家，佛教与本地文化相距较远，本地文化不会轻易地失去自己的独立性，也不会丧失存在的基础，这就是佛教能够在东亚和东南亚国家保持鲜活的原因。

专题

玄奘西游

幼年聪慧 西游路上 求取真经 修成正果

> 唐贞观三年（629），长安城外大批饥民西行出关逃荒。混杂在人群中出关的，还有一位27岁的年轻僧人。只是这一去，便是十七个春秋、五万里行程。日复一日，年复一年，无尽的大漠孤烟、长河落日，还有那高山、丛林、猛兽、沼泽。他是谁？他从何处来？要到哪里去？让我们一起跟随玄奘大师，重新走走那历经"九九八十一难"的西天取经路吧！

幼年聪慧

玄奘法师约在隋仁寿二年（602），生于洛州缑氏县（今河南偃师）。玄奘法师出家前俗姓陈名祎，玄奘是其出家后的法号。据传，玄奘法师有一段异于常人的出生传奇，玄奘出生后不久，母亲梦见玄奘穿着白衣西去，母亲问："你是我儿，要去哪儿？"玄奘答："要西行求法。"这个故事尽管只是传说，却预示了玄奘西行求法的传奇人生。

玄奘幼年时聪慧异常，过目不忘。8岁时，其父口授《孝经》，当讲到"曾子避席"一节时，玄奘立即整理衣服，并恭敬地站起来。父亲问其原因，玄奘说："曾子闻师命避席，我现在聆听父亲教诲，怎能不恭敬站立呢？"由此可见玄奘的少年早慧。

大约10岁时，玄奘的母亲、父亲先后因病去世，玄奘与其二哥长捷相依为命。长捷先在东都净土寺出家为僧，觉得玄奘很有悟性，堪传法教，于是经常给玄奘教授佛经。后来朝廷要在洛阳剃度一批僧人，当时有几百人竞争，而玄奘因年龄太小，根本就不在剃度范围。结果因大理寺卿郑善果赏识，13岁的

🌀 玄奘西游图

玄奘从数百名竞争者中脱颖而出，成为年龄最小的一位僧人。剃度后不久，玄奘凭借超人的记忆力和理解力当众复述了严法师所讲的《摄大乘论》，在场僧人无不惊异。不久隋末战乱开始，玄奘兄弟为避战祸，辗转来到成都空慧寺。哥哥长捷长住成都，而一心寻求佛法真谛的玄奘则在成都小住，随后开始了全国各地的游历求学生活。

在国内游历求法的过程中，玄奘的佛学造诣不断增长，得到当时高僧的一致称赞。但同时他发现各地高僧对同一经典往往有不同的解释，这让他疑惑不解。有一次，玄奘在长安遇到了一位来自天竺的僧人——波罗颇密多罗，其师为天竺那烂陀寺高僧戒贤。玄奘听说戒贤能记诵大小乘经典十万部，并且正在那烂陀寺讲学，即心动愿往求学。他又想到古代的法显、智严都是以一人之力远赴天竺求取真经，别人可以，他为什么不能呢？于是他发愿一定要远行西方求取真经。

西游路上

玄奘起初向唐朝官方申请西行求法，但未获允许。到了贞观三年（629），27岁的玄奘决定混在逃荒的饥民中偷渡出关。因为是偷渡，所以他就没有《西游记》中唐僧的"通关文牒"——"过所"了。走到凉州（今甘肃武威）时，被人告发，凉州都督李大亮强迫玄奘返回长安；幸而当地高僧惠威由衷赞赏玄奘的志向，于是派两名弟子秘密护送玄奘西行，一路昼伏夜行千辛万苦才到瓜州（今甘肃酒泉）。到瓜州正愁沙漠阻道、前路茫茫之时，凉州的追捕文书又传了过来。幸得瓜州官吏李昌为玄奘壮行，当面撕毁追捕文书；可惜从凉州护送玄奘的两名僧人因惧怕沙漠道阻，先后离开了玄奘。

玄奘纪念馆，位于印度比哈尔邦。

玄奘在瓜州买了一匹马，可是苦无向导，难以远涉沙漠；玄奘夜里在弥勒像前祈祷，希望有人引路。或许是诚心感动了佛祖，恰好这时有一个胡僧石磐陀愿意与他同行。不过这个胡人也并没有陪伴玄奘多久，进入沙漠后，夜间暗中对玄奘拔刀相向，后来终于丢下玄奘走了。这时候，西行路上的"九九八十一难"才真正到来。玄奘一个人偷偷穿越边境的五个烽燧，进入了渺无人迹的茫茫沙漠。沙漠中虽然没有官方的追捕，也没有狼虫虎豹的袭击，然而无尽的黄沙，裹挟着狂风，不辨方向，断粮缺水，每时每刻都在考验着玄奘的心志。然而，凭借着超乎常人的坚韧，玄奘最终走出了沙漠，过了伊吾，到了高昌国（今新疆吐鲁番）。

在高昌国，玄奘终于受到了女儿国般的"厚待"——高昌国王麴文泰因为玄奘的博学，坚持要求玄奘留在高昌讲经说法。然而玄奘西行的决心尤为坚定，他以绝食抗争，终于经麴文泰同意放行，并为他配备了一批随行人员及大量物资。玄奘的西行之路终于不再是孤身奋战了。只不过，这些随行人员多数也因路途的艰险而死在路上。

求取真经

历尽无数坎坷，穿越20多个国家，行程数万里，玄奘终于踏上古印度的土地。当时的印度依然小国林立，不过佛教昌盛，玄奘每到一国均参禅礼佛、追寻佛骨舍利，并与当地僧人研讨佛法。当然，他最向往的还是东印度恒河流域的佛教最高学府——那烂陀寺。631年，玄奘终于来到这个无数僧人梦想中的佛教圣地。

由于玄奘入印已久，他精湛的佛学造诣早已传遍印度。当他还在佛陀成道的金刚座巡礼时，那烂陀寺已经特派四位长老前来迎接，更有200多名僧人前来迎引，玄奘在这样盛大的欢迎仪式中进入了那烂陀寺。

那烂陀寺历史悠久，早在阿育王时期便已建寺。经历代扩建，其规模宏大，建筑壮丽，藏书丰富，高僧辈出。玄奘到那烂陀寺时，正是至德幽邃的戒贤大师住持此寺。当时的戒贤已百余岁，传说戒贤专门留寿等候玄奘，可见他对玄奘的欣赏。玄奘在那烂陀寺五年，遍学诸经论，与已往所学比较，解决心中疑惑，终被推为精通三藏的十大德之一。离开那烂陀寺后，玄奘四处游学，遍访五印。最后又回到那烂陀寺，受其师戒贤嘱托，为寺僧讲授经典。

642年，当时戒日王朝的戒日王在曲女城举行了佛学辩论大会。五印18个国王、数千大小乘佛教学者及外道2000多人都参与其中。当时无论主客，大家可以随便向玄奘提问题，但无一人能难倒他。此次无遮会让玄奘名震五印，被大乘尊为"大乘天"，被小乘尊为"解脱天"。这时的玄奘学识丰厚，壮志得酬，不过他思乡情切，向戒日王提出回国请求。戒日王又坚请玄奘参加5年一度、历时75天的"无遮大施会"。

会后，玄奘决意启程归国。戒日王及众多高僧千方百计挽留，迦摩缕波国的鸠摩罗王甚至表示，只要他留在印度，就为他造100座寺院。然而这种种好意都没有动摇玄奘回国的决心。

修成正果

玄奘回国的路途比启程时候要顺利多了，不仅印度、中亚各国派人护送，当年禁止他西行的唐朝官方也专门派人迎接。唐贞观十九年（645）正月二十五日，玄奘返回长安，"道俗奔迎，倾都罢市"，迎接的人太多，以致道路拥堵，欲进不得。真是夹道欢迎、普天同庆！唐太宗也很快召见玄奘，询问西域及印度的风土人情，甚至劝他还俗辅政，被玄奘婉拒。

这时的玄奘已然致力于翻译他从印度带回的大量梵文佛经了。从回国的645年至去世的664年，玄奘及其众弟子焚膏继晷、夜以继日，共翻译佛教经论75部1335卷，无论是翻译数量，还是质量，在佛经翻译史上，都是空前的。在玄奘之前，不乏翻译佛经的高僧，但这些高僧的母语多非汉语，比如真谛和鸠摩罗什，他们的汉语造诣不及玄奘，过于强调直译，让中国人在面对幽深佛理的同时，还要理解众多拗口的直译，增加了理解的难度。玄奘很好地解决了这些问题，他既精通梵文，又精通汉语，其所译经典既保留原文意旨，又符合汉语习惯，促进了佛教在中国的进一步发展。

除佛经外，玄奘回国后还根据西行路上的见闻，与其弟子辩机合作，完成一部影响世界的巨著，这就是《大唐西域记》。该书广泛记录了中亚、南亚众多国家地区的地理方位、社会历史、风土民情以及名胜古迹等。其不仅对佛教人士研究佛教流传历史提供了便利，更重要的是它几乎再现了公元7世纪以前的古印度史。

唐高宗麟德元年（664），在基本完成主要佛经的翻译后，玄奘大师走完了他传奇的一生。玄奘西游，不仅使佛教在中国发扬光大；还使中国人开阔眼界，了解了中亚及南亚各国风土；更使中印文化早在公元7世纪就展开了广泛交流；而其巨著《大唐西域记》，为中亚及南亚地区众多国家留下了宝贵史料。

吴承恩以玄奘西游为故事原型而编写的《西游记》，在中国影响广泛，家喻户晓。

第四章

繁花似锦的艺术成果

　　建筑艺术是古印度人审美观与技术的双重体现，宗教则对古印度建筑艺术的发展起着至关重要的作用。阿旃陀的30座洞窟是其杰出的代表。古印度的音乐和舞蹈不仅是古印度人普遍的娱乐方式，其中还映现着人们对世界的哲学思考，交织着力与美、创造与毁灭。古印度绘画由于历史悠久、题材广泛、技法高超，在东方绘画艺术中独领风骚，在世界绘画艺术中也是独树一帜。

阿育王石柱

古印度的音乐和舞蹈

探索古文明 古印度

庄重优美的宗教建筑

始于公元前3世纪

古印度是宗教的国度,因此宗教建筑是古印度文化的一大特色。各式各样的佛塔是佛教建筑的代表,桑奇佛塔以其古老的历史、巨大的塔身和妙趣横生的雕塑著称于世。那烂陀寺尽管早已湮灭在历史的尘埃中,但其遗址的庞大、出土文物的精美以及《大唐西域记》等历史文献的记载,使人们依然能够领略古印度建筑的风采。

以佛教为代表的宗教建筑

哈拉巴文化消失以后,古印度进入雅利安人统治时期。随着文明的发展,宗教出现了,并且形成了非常完备的宗教体系。现在保留下来的建筑大都和宗教有着密切的关系,这些建筑要么是宗教建筑,要么带有宗教色彩。其中佛教的建筑是较有特色的建筑类型。

佛塔是佛教建筑的象征,印度佛塔在中国又称为窣堵波。这个建筑样式基于印度人将死者埋于土石墩下的风俗。佛教的迅速普及和佛塔的大力修建,阿育王都起到了非常大的作用。阿育王皈依了佛教,成为最虔诚的信徒。他的后半生都致力于推广佛陀慈悲、和平的教法。他以佛法的教诲来治理国家,在全国各地竖立起铭刻法教释文的石碑,举行第三次佛教集结,广派

> 阿育王的大力扶持,使得佛教能走出印度,成为世界性的宗教,而阿育王的教法,更因此成为印度转轮圣王思想的典范。

第四章 繁花似锦的艺术成果

比丘（名师高士）到各国宣传佛法，并且在重要的佛教圣地建塔立柱。阿育王的大力扶持，使得佛教能走出印度，成为世界性的宗教，而阿育王的教法，更因此成为印度转轮圣王思想的典范。

在阿育王的护佛行动中，最为人称颂的，就是打开佛陀入灭后"八王分舍利"的舍利塔，取出其中的佛陀遗骨，集中起来重新分为8.4万份，再于全国各地的交通要道上建8.4万座塔，把8.4万份舍利分别安奉于塔中，供来往行人礼拜。而桑奇最原始的小砖塔，正是那8.4万座塔中的一座。

那烂陀寺

世界佛教文化中心的那烂陀寺是古印度著名的佛教寺院。遗址在今印度比哈尔邦巴腊贡附近。据佛教传说，原系释迦牟尼大弟子舍利弗的诞生及逝世处，释迦牟尼本人亦曾路经此地说法。据藏文资料记载，最初创建该寺的是阿育王。公元5世纪—12世纪，此寺一直是印度佛教重要的教学及研究中

阿育王教法纪念柱，雕刻着阿育王的教法，教法中除了有防止贫困、维持治安的条款外，还有关于道路和井田修整等条款。这种狮头柱顶在印度人心目中是神圣的，今天，它已经成为印度的国徽。

探索古文明 古印度

第四章　繁花似锦的艺术成果

心之一。据说在极盛时期，佛教学者云集，主客常达万人。不仅当时印度的著名佛教学者在此修持讲学，中国、朝鲜、日本等国的一些僧人也不远万里，负笈前来。在佛教上该寺兼有大、小二乘而以大乘为主，大乘中兼有中观派、瑜伽行派及密教，同时旁及印度其他宗教哲学派别，如胜论、四吠陀等，此外，还学习因明、术数、医方明等各种知识。12世纪末，该寺被入侵的穆斯林所毁，后遂湮没无闻。1861年，一批欧洲学者根据《大唐西域记》的记载及附近出土的碑铭，进行了初步的勘查发掘。20世纪初，印度考古部门又进行了大规模的发掘。出土的文物中除了精美的佛像、菩萨像外，还有带铭文的铜板、刻有"那烂陀大僧伽蓝"字样的印章以及鸠摩罗笈多时期的铜币、陶器等。印度独立后，新建了那烂陀佛教学院，内设汉、藏、日、梵、巴利文等课程。20世纪50年代，中印两国合作，在那烂陀修建了一座玄奘纪念堂。

那烂陀寺于笈多王朝时期建立，历代屡加扩建，成为古印度规模宏大的佛教寺院及佛教最高学府。那烂陀寺已被战火毁灭，如今只留下一处遗址公园。

探索古文明 古印度

古印度的早期雕塑

约公元前 26 世纪—公元 6 世纪

> 雕塑是古印度艺术的一朵"奇葩"。早期的雕塑以民间信仰的药叉和药叉女形象为主，桑奇佛塔东门立柱上的"树神药叉女"是公认最好的女性雕塑作品；孔雀王朝时期的阿育王石柱非常之多，现代印度共和国国徽即来源于此；贵霜王朝时期的犍陀罗雕塑综合了东西方艺术的特点，举世著称；而各式各样的青铜佛造像不但是雕塑精品，也反映了古印度精湛的青铜工艺。

说到雕塑艺术，它也和宗教密不可分。古代印度早期王朝的人物雕像中，多半是印度民间信仰的药叉和药叉女。药叉是男性的精灵，药叉女是女性的精灵。他们起源很早，是古代印度人对生殖崇拜的产物，也是大地万物原生力量的化身，作为古印度民间自然的神而受到崇拜。

树神药叉女

药叉女的形象一般都是夸张的女性丰腴人体，并已升华为古代印度女性美的标本。药叉女雕像与古希腊的维纳斯像、中国秦始皇陵兵马俑都堪称文明古国人物雕像的杰作。其中最著名的就是位于桑奇大佛塔东门北侧立柱和第三道横梁末端交角处的"树神药叉女"，被公认为是桑奇乃至整个印度雕刻中最美的女性雕像之一。这个树神药叉女，双臂攀着杧果树枝，纵身向外倾斜，好似凌空飘荡，活泼可爱。她是杧果树的精灵、生殖力的化身，身体丰满而圆润，女性特征得到了一定的夸张。与其他的同类雕塑相比，最可贵

桑奇大佛塔杧果树神药叉女，被公认为是整个印度雕刻中最美的女性，在印度的地位相当于罗马的维纳斯，是生殖力和美的化身。

的是她突破了正面直立呆板拘谨的造型，头向右倾侧，胸部向左扭转，而臀部向右凸出，全身构成富有节奏感、韵律感的"S"形曲线。这种曲线形式后来发展为塑造印度标准女性人体美的规范，被称为"三屈式"。尽管整个雕塑表面延续了早期佛教美术时期的粗劣，但充分体现了女性的本质和生命的活力，把生殖崇拜和苦行的宗教融为一体，体现了人体美与宗教精神相结合的印度美术的独特面貌。

石柱与石窟

孔雀帝国在各地建立的圆形石柱，也是古代印度雕刻艺术的重要遗迹。石柱由两部分组成,即柱身和柱头。这种独石圆柱有 30 多根。其中阿育王在鹿野苑建造的石柱是最著名的,其上有 4 个精心雕刻的半狮身柱头,借以显示帝王的力量和权威。从山岩开凿出来的佛教殿堂和寺庙也集建筑与雕刻艺术于一身。公元前 2 世纪开始修建、公元 7 世纪才完成的阿旃陀石窟是其典型代表。供和尚拜佛的地方是佛殿,供和尚居住的地方是佛寺。这里保存着大量以佛教为题材的精细雕刻和优美绘画,它们吸引着世界各地的佛教徒和艺术家来到这里。

精美的佛造像

印度雕塑的另外一种就是青铜造像。印度青铜造像的传统相当悠久,可以追溯到约公元前 2500 年—公元前 1500 年印度河文明时代的青铜小雕像《舞女》。公元前 15 世纪—公元前 6 世纪相继兴起的婆罗门教、佛教和耆那教,为古代印度艺术包括青铜造像提供了永恒的主题。贵霜王朝时期犍陀罗艺术中的青铜舍利容器上已出现佛像和婆罗门教神像。犍陀罗佛像开始确立了佛像的相貌、手势、立姿和坐姿等造像仪轨。笈多王朝时期创造了更为典范的笈多式佛像,苏丹甘吉出土的高 2.25 米的铜佛像,薄衣贴体的造型与同时代的石雕笈多式佛像雷同。印度中世纪是青铜造像的繁盛时期,北印度的波罗王朝和南印度的朱罗王朝分别成为佛教密宗造像和印度教诸神造像的两大中心。

波罗王朝信奉佛教,统治着北印度东部比哈尔和孟加拉地区。在比哈尔邦巴特那附近的那烂陀寺,是印度佛教的最高学府,也是佛教造像的作坊,12 世纪初毁于兵燹。而今从那烂陀寺烧焦的断壁残垣的遗址中发掘出土的 300 多件铜像,依稀令人回想起当

米纳克希神庙具有典型的南方印度神庙建筑风格,塔身雕刻精美绝伦,华丽夺目。神庙内的艺术博物馆,收藏有众多的印度教的铜质诸神神像。

年香花宝盖云集法会的盛况。波罗时期流行的金刚乘密宗佛教造像，多少沿袭着笈多式佛像的古典遗风，更多濡染了印度教艺术繁缛富丽的火焰式风格，出现了大量菩萨、多罗（度母）等女神和多面多臂的怪诞形象，造型与印度教神像趋同。东印度奥里萨地区同时期的佛教和印度教铜像也融合了波罗铜像的造型要素。

朱罗铜像把南印度铜像发展到炉火纯青的境地。南印度铜像通常采用含铜比例较高的青铜以失蜡法铸造。朱罗时期的蜡模制作得非常精确，铸出的铜像几乎不必再进行任何加工。根据印度神话，印度教诸神是宇宙生命的象征，是宇宙精神的外化，是宇宙一元论不同侧面的诗意表现。在朱罗铜像中最常见的是印度教主宰宇宙生殖与毁灭的大神湿婆及其妻帕尔娃娣女神的造像。法国雕塑家罗丹曾经把南印度朱罗铜像《舞王湿婆》誉为"艺术中有节奏的运动的最完美的表现"。

立姿佛像

这件红铜立姿佛像具有古印度犍陀罗风格，为公元2世纪到3世纪的作品，佛像面容英俊，表情陈静，若有所思，体现了工匠高超的雕塑水平。

第四章 繁花似锦的艺术成果

艺术圣地——阿旃陀石窟

约公元前 2 世纪—公元 7 世纪建成

1819 年，一队英军士兵在印度深山中打猎时，无意间闯入了印度中部的一个石窟。这一发现石破天惊，沉默 1000 多年的古印度大型佛教石窟群重新展现在世人面前，它就是印度的佛教艺术圣地——阿旃陀石窟。该石窟约开凿于公元前 2 世纪，于公元 7 世纪完成，历时数百年，壁画、雕刻、佛龛等数不胜数。其规模与艺术成就可与中国的敦煌石窟相提并论，而它开凿于佛教发源地印度，则显得更为珍贵。

阿旃陀概况

阿旃陀石窟位于印度马哈拉施特拉邦北部的一座山里。这座簸箕式的山崖，高 76 米，山间有一道清泉，曲折下泻，流入平原。三面山崖共凿有石窟 29 处，其中 5 处是佛殿，24 处是神室，是公元前 2 世纪—公元 7 世纪之间连续进行的工程。这几百年是印度佛教的全盛时期。山峦环抱流水淙淙的"世外桃源"，成了佛门弟子静养修行的地方，而那时印

佛陀像

阿旃陀石窟全景

在文达雅山麓离谷底 76 米的悬崖峭壁间,阿旃陀石窟的 29 座洞窟环布在新月形的山腰陡崖上,高低错落,绵延 500 多米。

度劳动人民中的能工巧匠也在这伟大的工程上表现了他们最神妙卓越的天赋。

这 29 处石窟,好像是一座文化博物院,有绘画、雕刻、建筑,综合了印度艺术的大成,令人倾倒赞叹。这里的壁画较完整的有六七处,其中第一洞的壁画尤为出色。墙壁、仰顶、厅柱上都画有佛生前的许多故事,虽然大半剥落模糊,但其气魄之雄大、形象之修伟、轮廓线条之自然工细、人物情态之传神逼真,较之印度以后的绘画,有过之而无不及。其他如走兽、飞禽、游鱼、鲜花,亦栩栩如生。这些残缺的巨幅壁画,仿佛是一幕一幕的古剧,展现在我们面前。剧中人物有王子、修士、舞女、象奴以及形形色色的男女老幼。每幕戏剧也都

第四章 繁花似锦的艺术成果

有它绝好的背景，有宫廷、园榭、城市、民居、森林、丛莽。每个故事，每个姿态，都生动地反映了900年间印度人民生活的各方面，以及那个时代居室、器皿、服装、礼俗的形式样款。绘画的气派作风活泼、雄健、快乐、大胆，没有一点沉郁的气息。

多彩的壁画

阿旃陀石窟给人最大的视觉冲击是那些壁画中灵与肉的圆融和谐之美。印度佛教从不避讳谈论和表现肉体。印度人的美也绝不一味强调苗条，不强调减肥，它的神像都是既灵动又丰满的，他们承认体形的美，也承认肉体的美，更承认精神的美。在印度文化里，神就是人的完美化，神就是人理想的体现和升华。

在阿旃陀的壁画里，两性美妙绝伦的展示给了人无限的遐想空间。然而这是一种得到足够升华的想象空间，不包括邪念、病态和暴力倾向。肉体的表现是形而下的，它丰满窈窕，但它又是形而上的，是神学的、是美学的。那神情、那动作是肃穆、圆满、自足和平安的。

精美的雕刻

至于雕刻方面，印度的神像、佛像、"飞天"，以及其他人像，

阿旃陀石窟壁画，构图紧凑，气势不凡，对两性美妙绝伦的展示，给人无限的遐想空间。

127

都是半裸露的，充分表现出理想的健康的男女体格，所谓"目如荷瓣，腰如狮子"，真是骨肉均匀，婀娜刚健，尤其是舞蹈的神像和人像，把迅疾和翩跹的舞态，有力地从刀斧下刻画出来，使人瞻仰之下，有"来如雷霆收震怒，罢如江海凝春光"的感觉。第一洞佛堂里的说法大佛像，因为洞外清晨、正午、黄昏映照的光线强弱浓淡的不同，在"巍巍满月"的巨大面庞上，会呈现出微笑、欢喜、沉思3种不同的神态，尤为杰出。

石窟殿堂的凿造，在印度建筑史上占有非常重要的地位。其工程的巨大、布局的严谨、雕饰的精巧，充分表现出印度劳动人民的高度文化艺术水平和坚韧的生活力。这里的29处石窟，完全是佛教建筑形式。僧室门外多有柱廊。门内是一个大厅，平的仰顶，厅内多有整齐排列的大柱，柱上和仰顶上都有雕饰。各窟的构造，又因时代的不同而有差异。这坚韧的耐心和精密的计算，使我们不能不对印度劳动人民高超的创造力和高度的艺术水平，生出无限的佩服和赞叹！

石窟艺术

　　石窟是古印度佛教的一种建筑形式，因此石窟艺术与佛教密不可分。一般地石窟中有大量的佛像、壁画，是雕刻和绘画艺术的海洋，这些作品统称为石窟艺术。因信仰佛教的各阶级、各阶层人物不同，他们所属的佛教宗派也不一样，因而在造像与壁画的题材上，也要根据自己所属宗派的经典造像进行创作。古印度最著名的石窟便是阿旃陀石窟，中国有敦煌石窟、云冈石窟、龙门石窟等。

第四章 繁花似锦的艺术成果

阿育王石柱

公元前268年—公元前232年

阿育王是古印度最有名的君主，这不仅是因为他杀伐决断，使孔雀王朝的版图达到最大；更重要的是他晚年施行仁政、推崇佛教，在全国各地建立起众多的佛教建筑，这其中就包括他在各地建立的30多根纪念石柱。这些石柱外形高大雄伟、柱顶雕刻精致细腻、柱身铭文清晰可见。经历2000多年的风雨，尽管有所损毁，但这些石柱依然是古印度文化最好的见证。

弘佛法阿育王建石柱

说起阿育王石柱的建造，还有一段有趣的故事。相传，古印度孔雀王朝第三位国王阿育王年轻时是一位暴君。他对外穷兵黩武，对内残害人民。特别是他设立的关押犯人的监狱，四周高墙环绕，角楼高耸，监狱中油锅鼎沸、剑戟生寒，有数不清的酷刑折磨犯人；阿育王还任命世上最残忍的人来当狱长。这监狱真是

阿育王统治时期，印度各地兴建了大量的公共设施，以方便人民的生产生活。本图中运货的旅客可以从驿道上的公共水井中取水解渴。这根砂岩柱的柱头刻有一头坐着的雄狮，柱身刻有阿育王的赦令和法规。

犹如地狱。最初，只有犯罪之人才被投入监狱，忍受酷刑折磨。后来，这狱长竟连路经监狱的人也抓进来施以刑罚。

后来，有一位佛教的僧人，化缘路过监狱时，也被凶残无比的狱长抓了进来，准备施刑。僧人惊恐万状，临刑前请求狱长给他礼佛诵经的机会，方能死而无憾。他的请求得到了狱长的允许。

就在僧人诵经的时候，他看到那些被捆绑着进来，砍断手脚、掏心挖肺，经历种种酷刑的犯人，忽然间心生慈悲怜悯之情，并悟到了世间一切无常的道理，于是一念清静，心无挂碍。由于已无生死之念，僧人被投入滚烫的油锅后，却犹如身处清水中一样，水中还生出一朵鲜艳的大莲花来让他坐。狱长惊得目瞪口呆，立即派狱卒报告阿育王。阿育王亲自来观看后，被僧人身处油锅而无忧无惧的场面深深震动。

此时，狱长竟因阿育王踏足狱中，也要将他拿下施刑。阿育王临机应变，说涉足狱中，理应受刑，不过狱长也难例外，于是下令将狱长投进油锅之中。狱长死后，阿育王对自己先前所为深感痛悔，因此废除酷刑，推倒高墙，缓刑省罚，施行仁政。并在监狱原址之上，修建起一座高大的石柱，上面刻上敬奉佛法三宝的铭文。这便是闻名于世的阿育王石柱。

这段故事尽管有些荒诞，但阿育王由暴虐转为仁慈、由专权嗜杀转为倾心礼佛，并且在各地建立高大的石柱，使佛教广为传播，却是真实存在的。据铭文记载，阿育王在各地建造的石柱共30多根，多数有十几米高。由于年代久远，这些石柱在历史长河中曾长期淡出人们的视野，近代以来发现的有十余根。阿育王石柱上均有铭文，内容多为尊崇佛法、劝善去恶、禁止杀生、仁慈平等以及阿育王平生征伐行止等。由于古印度史料匮乏，因此这些铭文也成了阿育王石柱最为珍贵的地方。

从现存的这些阿育王石柱来看，其柱顶结构非常相似。自上而下分别为：动物造型雕刻、横放的圆盘或方盘、倒垂的莲花瓣。其中的柱顶动物造型雕刻，有的是一只动物,有的是四只动物背靠背站立。现存的阿育王石柱中,柱头动物有的是狮子,有的是牛,有的是象,有的是马。

鹿野苑石柱

柱头为四只雄狮背靠背的,则是所有石柱中最珍贵也最著名的鹿野苑阿育王石柱。20世纪初出土时整个柱身早已断裂,幸而柱头保存完好。据考证,阿育王石柱原高12.97米,底部直径约1米,顶部直径约0.65米,重27吨。柱表原为镏金,现已脱落。现在的阿育王石柱已经断成5截,其中埋在地下的还有2.1米。其柱头部分高约2.1米,集中体现了古印度雕刻艺术的精髓。

柱头最上面是四头狮子,背靠背,颈脊相连,面向四方,威武而雄壮。雄狮轮廓鲜明,均衡对称,鬃毛似火、利齿如剑,腿部肌肉紧绷,足爪遒劲有力,显示出强劲的生命力。难怪印度共和国在1950年将此雕刻定为国徽图案,以此激发印度人民的民族自豪感。4头狮子的下面是中间层的饰带,雕有一只大象、一匹奔马、一头瘤牛和一只老虎,这4种动物间都用象征佛法的宝轮隔开;最下一层是钟形倒垂的莲花瓣。整个柱头华丽而细腻,打磨得如镜面一般光滑,显示了古印度孔雀王朝时期高超的艺术水准。

阿育王石柱与佛教关系密切,其柱头的雕刻以象征手法体现了佛教文化。

其底端倒垂的莲花瓣,象征着洁白清静、一尘不染,代表了佛教的出尘脱俗,莲花也是表现佛教教义最常见的植物形象。

中间层的饰带部分是象、马、牛、虎4种动物,它们两两相间都有一只法轮。4只动物都雕刻成向前奔走状,以推

印度鹿野苑出土的阿育王石柱狮子柱头

鹿野苑的石柱原本包括柱身和柱头两部分,现在柱身已经断裂,但柱头保存完好。在其柱头上刻有四只背靠背的圆雕雄狮,形态逼真,充溢着印度雕刻特有的生命感。

探索古文明 古印度

虽然本塔的外形有点土，可我上过《大唐西域记》的头条号啊！

🌿 **鹿野苑的答枚克佛塔**

动法轮转动，象征佛法推行于世间。此外，象、马、牛、虎等本身也是佛教及印度文化中常见的动物形象。比如大象雕刻，在各种佛教建筑中十分普遍，佛教又有"象教"之称。四大菩萨之一的普贤菩萨所乘坐骑便是一头"六牙白象"，马的形象在佛教中也由来已久。在佛教中，马是转轮的七宝之一，此外还有马鸣比丘、马鸣大士、马鸣菩萨及马头观音等，由此可见马在佛教里的重要地位；而瘤牛，就是印度文化中的神牛，其地位堪置各种动物之首，乃至今天的印度，在街上依然可见自由行走的牛；老虎也是佛教故事中的一个重要形象，"舍身饲虎"的故事便是一例。

最上层便是那威武雄壮的4只狮子。狮子是百兽之王，威风凛凛，当它们张开嘴时，"狮子吼"震动山林，飞禽走兽莫不噤声。因此佛教中以狮子吼比喻佛陀说法，佛法彰显，则一切邪魔外道，都销声匿迹。另外以狮子的威猛比喻佛法的金刚智慧，所以佛教中智慧第一的文殊菩萨即以狮子为坐骑。

鹿野苑的阿育王石柱柱头雕刻精美绝伦，集中体现了古印度雕刻技艺的精湛。不过，结合这一时期其他佛教雕刻，显然柱顶的4只狮子之上还应有一只大法轮。大法轮由轴心向外做放射状，如法轮转动状。如果加上这只法轮，那么鹿野苑阿育王石柱必然更加完美。

蓝毗尼石柱

除鹿野苑外，要数蓝毗尼的阿育王石柱最为著名。蓝毗尼位于今尼泊尔境内，与印度共和国接壤。不过早在唐代玄奘大师到访蓝毗尼时，这里的阿育王石柱就已经有所损毁。玄奘在《大唐西域记》中记载："……上作马像，无忧王之所建也。后为恶龙霹雳，其柱中折仆地。"这里的无忧王即阿育王，可见最初这根石柱柱头为马像雕刻，很早便被雷电击中，倒地中断。直到19世纪末，西方考古学家开始发掘蓝毗尼，这根石柱才重新被人们了解。

被发掘出来的蓝毗尼阿育王石柱高7.79米，周长2米，柱身有裂纹，柱顶马头像已然不在。虽经长久荒废、损毁，但其上的阿育王亲刻铭文依然清晰可见。铭文用婆罗米文字书写，大致意思如下：

无忧王于灌顶第20年来此朝

历史档案馆

鹿野苑

鹿野苑，又名仙人住处、仙人鹿园等，是释迦牟尼成佛后初转法轮的地方，佛教最初的僧团也在这里成立。因而鹿野苑成为古印度佛教四大圣地之一。

之所以叫鹿野苑，源于佛教典故。据说佛陀前世为鹿王时，带领群鹿误入一位国王的林苑。国王本要猎杀群鹿，幸而鹿王愿舍弃自己的生命而保护鹿群。国王深受感动，立誓不再猎鹿，并在全国禁止杀鹿，这里便是后来的鹿野苑。

探索古文明 古印度

埃洛拉石窟群位于印度马拉哈斯特拉邦奥兰加巴德市西北约30千米,其中佛教石窟有12座,印度教石窟有17座,耆那教石窟有5座,1983年被联合国教科文组织列为世界文化遗产。

拜,此处乃释迦牟尼佛诞生之地。兹在此造马像、立石柱以纪念佛祖在此诞生。并特谕蓝毗尼村减免赋税,仅交纳收入的八分之一。

这段铭文以确切的时间、确切的地点,交代了阿育王建此石柱的年代,并证实了释迦牟尼佛为历史真实人物,其诞生地确为蓝毗尼,阿育王对佛教的推崇也得到了佐证。蓝毗尼因诞育佛陀而成为佛教圣地。

距今2000多年的众多阿育王石柱,历经风雨沧桑、岁月消磨,但保留下来的柱头雕刻,依然给我们展现了古印度雕刻艺术的魅力,让我们能够领略古印度佛教文化的精深;遗留下来的柱身铭文,尽管大多内容简要,但其涉及政治、军事、宗教、税收、文化等各方面,对于文献记录匮乏的古印度来说,它们对解答众多古印度历史疑问提供了依据。

神秘的古印度建筑——窣堵波

约始于公元前7世纪

> 17世纪的时候，英国人踏入亚洲古老而又神秘的国度——印度。在广袤的原野与丛林之间，他们发现了一座又一座残破不堪、形似坟冢的建筑，印度当地人对这些蔽旧建筑的存在早已司空见惯，探寻者们却好奇地蹲下来，围绕这些神秘建筑仔细考证，发现建筑外围石柱上的精美雕刻都跟佛教有关，于是可推断这些应该是佛教建筑了。但佛教在印度早已式微，这些散落在印度各地，数目众多的神秘建筑是何时所建，它们与佛教有什么渊源，残破的外形下又藏着怎样的秘密呢？

在这段发现之旅中，当岁月侵蚀的外衣被层层剥开，我们将得以一窥古印度人的文化与信仰！

八国均分佛舍利

中国人常说："救人一命胜造七级浮屠。""浮屠"就是"佛塔"的意思。中国的佛塔遍布全国，形状各式各样，但论起建塔缘起却与古印度的一种神秘建筑渊源颇深，这就是英国人在印度发现的那些高大建筑——窣堵波。

众所周知，佛教起源于印度，佛陀释迦牟尼便是当时印度释迦族的王子。传说释迦牟尼圆寂后，侍奉在侧的常随弟子依佛教礼仪，火化了佛陀的遗体。仪式结束后，他们从灰烬中惊讶地发现了佛陀仍留在这个世间的珍贵遗迹，分别是四颗牙齿（现仅存两颗）、一截手指骨、两根锁骨、部分头骨及几根头发；

探索古文明 古印度

在释迦牟尼80岁时，向北方进行了最后一次旅行和布道，便安静地进入了涅槃之境。

另外还有很多五光十色、敲击不碎的珠子，就是现在人们常说的舍利子。在印度梵语中，人死后的遗体称为舍利，包括牙齿、头发、指甲、骨灰等；而佛陀或其他高僧火化后产生的五光十色的珠子则称为舍利子。

佛陀在世时，在当时印度诸国中享有极高的威望，深受人们的爱戴与崇拜。佛陀圆寂后，这些五光十色的舍利子作为佛陀的精神象征，大家都想珍而藏之，虔诚供奉。据佛经记载，佛陀在拘尸那城圆寂后，为供奉佛舍利，还引起了八国争夺。

为避免战争，八国便均分舍利。分到舍利后，各国都建起一种式样高大的建筑来供奉，建筑物的名字就叫作窣堵波。

八座供奉舍利的窣堵波成为当地百姓的精神皈依，当时调解八国争端的徒卢那也建起一座窣堵波，供奉装过佛陀骨灰的空瓶；还有迟到的孔雀王没有分到舍利，便将火化佛陀的炭灰带回去，也建起一座窣堵波来供奉。所以最初佛舍利被分别供奉在10个地方的窣堵波中，这就是所谓的"八王起八塔，金瓶及灰炭；如是阎浮提，始起于十塔"。

那么供奉佛舍利的窣堵波到底是什么呢？其实在佛陀之前，窣堵波就是我们所说的坟冢。在地面上用砖石砌一个圆形或方形的基座,上面筑一个半球形的覆钵,整个建筑都是实心。到了佛陀圆寂后,窣堵波的含义才发生了根本的变化。

> 在佛教中,佛陀圆寂并非一般意义的"死",而是功德圆满。古今以来,佛教高僧去世,叫作圆寂、清静、寂灭、入灭、涅槃、往生极乐等。

在佛教中,佛陀圆寂并非一般意义的"死",而是功德圆满。古今以来,佛教高僧去世,叫作圆寂、清静、寂灭、入灭、涅槃、往生极乐等。窣堵波因供奉佛陀舍利,也就成了信徒顶礼膜拜的对象,因而有了神圣的意义。

阿育王广修寺庙

佛陀圆寂约200年后,印度到了孔雀王朝阿育王统治时期。传说阿育王的父亲临死时未立太子,阿育王为争夺王位,曾杀掉99个兄弟姐妹。继位后,为统一印度,他发动了极其残酷的战争。在征服印度南方羯陵伽国时,有15万人被俘,10万人被杀。总之,前半生的阿育王残忍好杀,屠戮成性。

或许是看到了征服羯陵伽时的残忍场面,阿育王幡然悔悟,从此放下屠刀,皈依佛教。后半生的阿育王,专注礼佛,广修寺庙,整理佛经。为使更多的人能够供养佛舍利,阿育王挖掘了佛陀去世时分别供奉佛舍利的8座窣堵波,将舍利分开,

🍀 在斯里兰卡首都科伦坡寺庙展出的佛陀的头发

探索古文明 古印度

桑奇佛塔南门牌坊，雕塑描绘的是各国争夺佛陀舍利之战。

分别供奉在新建的 84000 座窣堵波中。

阿育王时代，佛教在印度各地迅速盛行。那时的佛教还反对偶像崇拜，认为塑造佛像是不敬的行为，因而只能崇拜佛舍利。可是佛舍利就那么多，于是纪念佛陀生平事迹、弘扬佛法、诵读佛经的地方也都建起一座类似窣堵波的建筑，梵语叫作支提。也就是说，窣堵波与支提的区别，就在于有没有供奉佛舍利。

两汉时，窣堵波随佛教传入中国。中国人以梵语发音，将其翻译为窣堵波、浮屠、佛图、浮图、堵波等。后来大约三国两晋时，中国的佛教翻译家才根据其含义及发音，创造出"塔"这个字。印度窣堵波与中国的建筑风格相结合，便产生了中国特色的多层宝塔。

唐代玄奘取经印度时，曾到访佛陀圆寂的拘尸那城，他在《大唐西域记》中说："拘尸那揭罗国，城郭颓废，邑里萧条，故城砖基，周十余里，居人稀旷，闾巷荒芜。城西

第四章 繁花似锦的艺术成果

三四里,渡恃多伐底河。西岸不远,至娑罗林,起树类槲,而皮青白,叶甚光润。四树特高,如来寂灭之所也。其大砖精舍中,作如来涅槃之像,北首而卧。旁有窣堵波,无忧王所建,基虽倾陷,尚高二百余尺,前建石柱,以记如来寂灭之事。"这段话中提到的窣堵波尚高二百余尺,不过基座已然倾陷,显然早在唐代时就残破不堪。到了现代,更是完全毁坏了。

佛教艺术的宝库——桑奇窣堵波

　　印度现存最早、最大、保存最完整的窣堵波,是位于中央邦首府博帕尔附近桑奇村的桑奇窣堵波。当年阿育王所建的84000座窣堵波中,有8座位于中央邦。历经2000多年的风风雨雨,现存仅3座,其中最著名的就是桑奇大窣堵波(3座中最大的)。

　　由于建造时代久远,桑奇窣堵波保留了窣堵波的原始坟冢形状。其中央是一个半球形的实心大坟冢。坟冢下面是一个圆形台基,坟冢顶部有一圈方形石栏杆,正中是一根刹杆,杆上有3层伞形华盖。据考证,在公元前2世纪的巽加王朝时期,当地富商曾对桑奇窣堵波进行过修缮和增建,才形成了现在的规

探索古文明 **古印度**

模。经过扩建，环冢周围建了一圈石栏杆，冢顶砌了砖石，并镶上了一层红色沙石。公元前后的安达罗王朝时期，又在冢周4个方向各建了一座类似中国牌坊式的门，印度人称之为"陀兰那"。牌坊上布满了大量精美的浮雕，有大象、牛、马、狮子、异兽、药叉女神及杧果、菩提、香蕉、莲花等。

　　桑奇窣堵波周围的栏杆虽为石头做成，但其横梁与立柱之间很像插进去一样，类似木建筑的榫卯结构，反映了高超的工艺水平。坟冢、栏杆及4座牌坊的建造年代相隔几个世纪，因而其上的雕刻也反映了不同时代的艺术风格，其中，波斯、希腊的建筑艺术风格都有所体现。这些雕刻汇集了早期印度佛教雕刻艺术的精华。其中的东门牌坊上有一件雕刻，独立命名为"树神药叉女"，可以看作这些精美雕刻的代表。"药叉"即夜叉，本为印度传说中的精灵，受佛教化而成为护教的天龙八部之一。因而佛教艺术中有大量药叉、药叉女的形象，"树神药叉女"即是其一。雕刻中的药叉女，双臂攀着杧果树枝，纵身向外倾斜，凌空飘荡，摇曳生姿。静中有动，非常生动。此雕刻突破了一般药叉女直身站立的形象，其倾斜的身姿和"S"形的曲线，给人一种富于变化的非对称美感。雕刻的表面处理得并不那么精致，显示出原始的粗犷质朴之美。"树神药叉女"与古希腊的"断臂的维纳斯"大约是同时代的作品，可说是"二美并称"。

不丹的一处佛教寺庙

桑奇窣堵波以供奉佛陀舍利著称于世，佛教信徒视之为圣地。因而整个窣堵波及其雕刻都以象征手法表现了佛教及印度文化。佛陀一生的行迹隐喻其中：佛陀的母亲站在荷叶上寓意佛陀降生，菩提树象征佛陀悟道，一只法轮表示佛陀传道，窣堵波则表示佛陀圆寂。四座牌坊象征佛教四谛，环冢的一圈石栏杆象征轮回教义，坟冢代表宇宙中心的须弥山，冢顶的三层伞形华盖则代表佛、法、僧三宝。

说起来，窣堵波最初就是承载死亡的建筑，因为与备受人们尊崇的佛陀圆寂，舍利诞生有关，窣堵波从此与佛教文化结下不解之缘。它承载了众多虔诚信徒对佛陀的敬奉、对佛教精神的皈依，渐渐成为极具佛教文化色彩的一种建

探索古文明 古印度

桑奇佛塔建于孔雀王朝阿育王时代，是目前保存最完好的窣堵波形式的塔。塔门雕刻，水平高超，风格独特，是早期佛教美术的巅峰之作。

筑，并且在岁月流逝中，在一代代信徒的守护与扩建中，它被加入越来越多的佛教文化元素，成为传递佛教精神及印度文化的特有的建筑形式。

一座建筑就是一部历史，是精神与文化的汇集，是信仰与智慧的积淀，它承载过去，也通向未来！

古印度的音乐和舞蹈

约始于公元前 2500 年

> 古印度人能歌善舞,他们的音乐、舞蹈和文明史一样源远流长。哈拉巴遗址中就出土了很多乐器;吠陀时代的两大史诗是可以吟诵的诗歌;佛教产生后,佛教音乐更是华丽的音符。伴随着音乐的旋律,舞蹈也随即产生了。古印度人最崇拜的神祇之一的湿婆也是舞蹈之神,舞蹈经典《舞论》的产生更是把古印度舞蹈艺术推向了一个高潮。

古印度人非常喜爱舞蹈和音乐,舞蹈和音乐是他们日常生活中必不可少的一部分。和世界上其他地区一样,古印度的舞蹈和音乐也是在宗教祭祀的基础上形成的。

典雅的音乐

早在哈拉巴文化的遗址中就出土了很多乐器,如哨子、笛子等。考古学家还在一个男性雕塑的脖子上发现了类似鼓的东西,另外,在他们的印章上也有鼓的踪影,可以想到当时这些乐器已经很普遍了。

据吠陀文献记载,在吠陀时代还经常举行集会,唱歌跳舞,当时这种集会叫作"萨马拉",而且当时已经出现了专门以歌唱和弹奏乐曲为生的伶人。在宫廷生活中,音乐也是重要的组成部分,每天早晨都有歌手到王宫的门口歌唱,赞颂国王的丰功伟绩。当时王宫里还有专门的歌唱舞台,叫作吠底,在重大节日里,这种音乐活动更是盛况空前。

探索古文明 **古印度**

> 谈恋爱不如跳舞，让我们用这个方式相处！

🌿 **卡塔卡利舞**

卡塔卡利舞是印度古典四大舞派之一，是一种以戏剧性的演技、丰富的表情、激烈的舞蹈动作和浓重的宗教情绪为主要特征的舞剧，它集舞蹈、戏剧、哑剧、文学于一身，可媲美西方的芭蕾舞剧，印度大文豪泰戈尔就曾向世人极力推荐卡塔卡利舞蹈。

同时，音乐还在战争中发挥着重要的作用，相传可以通过吹出不同的号角旋律来指挥战斗。在宗教里，音乐更是不可或缺，宗教仪式中音乐起着非常重要的作用。也因此产生了大批的宗教乐曲。佛教乐曲就是其中非常有名的一支。我们经常说的一句话叫作"晨钟暮鼓"，就来源于佛教，他们不仅在做法事的时候要奏乐，即使是上早课、晚上休息都要通过这种音乐的形式召集和解散，很有艺术品位。

迷人的舞蹈

印度的舞蹈和音乐是一对孪生姐妹，考古发现，早在公元前 3000 多年前后舞蹈就同音乐一起成了古印度人日常生活的组成部分。歌与舞的结合大大丰富了舞蹈的表现力，舞剧也很早就产生了，并且出现了专门的舞蹈学校和舞蹈专著。

古印度人对舞蹈的崇拜还表现在他们将湿婆神这个他们最为尊崇的大神奉为舞蹈之神。并且在舞蹈出现以后，伴随着舞蹈理论的不断健全，出现了《舞论》这一旷世经典。据记载，当时古印度的舞蹈者不仅舞技纯熟，而且表情丰富而自然。与其他民族的舞蹈相比，印度古典舞蹈最引人注目的特点之一就是运用手势来表达特定的意思，在《舞论》一书中就记述了 108 种手势。这些手势和眼神、身段结合在一起，能够表达极为复杂的思想感情。在古印度，始终存在着两支舞蹈流派，除了古典舞蹈外，还有丰富多彩的民间舞蹈。古典舞蹈长于表现史诗、神话等带有宫廷色彩和宗教色彩的题材，而民间舞蹈表现的则是普通民众的生活和情感。

舞蹈的取材也很广泛，但大多数仍然是以宗教为主要题材。由于印度人独有的艺术天赋，舞蹈不断发展，它的艺术表现力也不断增强。到了中世纪以后，印度的舞蹈竟有了"哑剧"之称，由此我们可以断定，当时的印度舞蹈已经成了一种具有高超艺术水准的艺术类型。

此雕像名为《玩耍的少女》，有着柔和优美曲线的少女更像是在舞蹈，而少女本人则更与女神的形象相似。舞蹈似乎是印度人融入生活又超脱世俗的一种很好的方式。

探索古文明 **古印度**

古印度绘画

约始于公元前 6000 年

由于历史悠久、题材广泛、技法高超，古印度绘画在东方绘画艺术中独领风骚，在世界绘画艺术中也独树一帜。其岩洞壁画的历史与中东及欧洲的相比毫不逊色；印度河印章图案为世界仅有；而以阿旃陀石窟为代表的壁画更是光辉夺目，使中国及东亚的壁画都受到了重要影响。

原始岩画

古印度绘画艺术可谓源远流长，最早可追溯至史前时期的原始岩洞壁画。这些绘制在岩洞中的壁画以线条为重要表现手法，因而又称线条画。古印度岩画自公元前 6000 年前后到公元 4 世纪，持续时间长达 6000 余年，其作品主题多种多样。早期岩画主要表现原始狩猎场面、各种野生动物、人类重要生活场景等；后期岩画主要题材为骑马或骑象的战争场面，也有的题材表现生殖崇拜或者巫术。

自 1880 年以来，已发现的岩画有数百处之多。以今中央邦首府博帕尔市为中心，半径 100 多千米范围之内数量最多，总计有百余处。位于中央邦的比姆贝特卡山区的一幅《猎舞图》，可能是古印度最早的岩画作品。其年代大致为公元前 5500 年。该作品线条极其简洁，手法显得十分稚拙，类似于没有绘画基础的儿童线条画。5 个猎人围着一头雄牛手舞足蹈，其人物形象很像汉字中的"大"字，不过猎人们狩猎收获后的喜悦之情还是跃然石上。古印度早期岩画应该出自原始部落居民之手，这一时期的岩洞既是他们的栖身之所，也是

第四章 繁花似锦的艺术成果

他们的天然画布。

在比姆贝特卡山区还有一幅著名作品《骑马的人的行列与骑象的人》，该画所用颜料均为天然矿物颜料，色彩已较齐全，红、绿、粉、黑、蓝、黄、橙、紫等颜色均已应用。从画面来看，此时的战争已经在使用刀剑和盾牌。古印度的马是由雅利安人带去的，因而这幅画或许表现的就是雅利安人征服古印度土著的战争场面。该画画面气势恢宏，色彩绚烂，内容十分丰富。由以上诸多要素推测该画很可能创作于吠陀时期或之前。晚期岩画的作者已经产生了原始的透视意识，比如在画母牛时要画出其腹中的牛犊，画羚羊时甚至要将其内脏画出。

印度河流域的岩石庇护所以史前洞穴壁画为特色，这些洞穴壁画展示了动物、舞蹈和狩猎等早期生活。比姆贝特卡遗址拥有印度次大陆最古老的岩画艺术。

根据《梨俱吠陀》的记载，吠陀时代可能曾有过不少建筑、绘画、木雕、壁画等，但因为木料、棉布等材料在印度潮湿炎热的气候下很容易腐烂，所以很难保存下来。而这些岩画的发现，则多少填补了吠陀时期甚至史前时期的一些历史空白。

印章图案

到了灿烂的印度河文明时期，古印度人显然已经拥有了较高的审美能力和绘画技巧。在摩亨佐·达罗和哈拉巴等遗址中，出土了大量的陶罐和印章。陶罐表面上的鸟、树、叶片等图案，其手法非常写实，显示了较高的绘画技法。而在现存的 2000 余枚印章中，主要形状为方形，也有少量圆形、椭圆形，背后有穿孔凸纽。印章上除了难以识别的文字符号外，就是大量的浮雕画，表现了当时印度可见的主要动物形象，如牛、虎、象、羚羊、鳄鱼等；还有一些想象或神话中的怪兽，如牛角虎、三头兽等。在这些印章图案中，各种动物的造型非常生动，其中，牛的造型准确，浑厚有力，其筋骨和肌肉轮廓分明，栩栩如生。

从这些小巧而精美的印章图案可以看出，这一时期古印度人的绘画技法已较为成熟，因而才能在这样小的印章上刻画众多而生动的动物形象。

石窟壁画

举世闻名的阿旃陀石窟不仅是雕刻艺术的圣地，更是古印度乃至世界绘画艺术的圣地，其壁画集中体现了古印度绘画艺术的精湛与成熟。阿旃陀石窟位于今印度马哈拉施特拉邦北部文达雅山，这里山势陡峭，河谷蜿蜒。阿旃陀石窟就开凿在河谷高约 20 米的花岗岩峭壁上，29 座石窟沿河谷排列，形成一个巨大的半圆。由于山势险峻，人迹罕至，因而其周围林木葱郁，景色如画。壁画创作时间约从公元前 200 年持续到 630 年，前后跨度达 800 余年之久。这一时期正是古印度佛教兴盛的时代，因而阿旃陀石窟中的雕刻、绘画均为佛教题材。公元 7 世纪以后，伴随着佛教衰微，阿旃陀石窟也逐渐湮没在山花野草之中，直到 19 世纪初才被人们重新发现。

据铭文记载，开凿于公元前 2 世纪上半叶的第 10 窟，是阿旃陀石窟中开凿时间最早的。其中的壁画创作于公元前 1 世纪前后，是印度现存最古老的壁画之一，因而十分珍贵。虽然很多画面已经辨识不清，但其中一段应

> "举世闻名的阿旃陀石窟不仅是雕刻艺术的圣地，更是古印度乃至世界绘画艺术的圣地，其壁画集中体现了古印度绘画艺术的精湛与成熟。"

第四章　繁花似锦的艺术成果

该是表现王室生活的画面却保存完好。画面左侧是一位相貌英武、神态威严的国王，他在侍从的簇拥下向画面中间的一株圣树走去；而画面右侧，则是一群手执各种乐器的歌儿舞女，他们正在恭迎国王驾临。

　　从这幅壁画可见，阿旃陀石窟绘画对世俗生活也有一定的表现。画面中共有20多个人物形象，其神态各异，发式也大不相同。其中国王的发式最为特别，一头黑发浓密而有质感，在头顶高高束起，束发带上饰以珠宝，这很可能是翼伽王朝的一位国王。画面上其他人物的处理也各有特色，乐师正襟危坐，舞女灵动优美。这幅壁画技法娴熟，风格写实，是阿旃陀石窟早期壁画的精品。

阿旃陀石窟内的一幅壁画，是讲述摩诃旃纳卡故事的四幅壁画之一，描绘了国王宣布他退位成为一个苦行僧。

不过，阿旃陀石窟总归是佛教石窟，因此其壁画还是以佛教题材为主。公元前2世纪中期至公元前1世纪的作品，风格古朴，为前期作品。代表作有《六牙白象本生》《国王及其扈从礼拜菩提树》等。作于公元5世纪之后的大致为后期作品，处于风格从古典主义的质朴单纯向巴洛克的豪华绚烂过渡时期。后期作品常用连续的画构成完整的故事，人物造型趋向三曲式女性体态，即头部向右倾侧、胸部往左扭转、臀部又向右耸出。女性人物眼神顾盼流动，手势优美，线条流畅，构图紧凑和谐而又曲折多变。这些壁画恪守印度传统绘画技法规范，画面注重表现人物神态与情感。其审美情趣表现为既追求尘世生活的绚烂，又体现宗教世界的悲悯。代表作有第16窟的《难陀出家》、第17窟的《须大拿本生》《因陀罗与天女们》《佛陀还家》，以及第1窟的《持莲花菩萨》《降魔图》和《女信徒献祭》等。

从作品规模和数量上来说，开凿于公元5世纪笈多王朝时代的第1窟最为引人注目。第1窟中的壁画无论是数量还是质量都令人称赞，即便在今天依然熠熠生辉。它们是古印度文化鼎盛时期的产物，具有典范意义。佛本生故事自然是这些作品的主题。其中的《持莲花菩萨》是阿旃陀石窟所有壁画中最为有名、影响最大的作品。画面中的菩萨身躯伟岸，法相庄严，头戴宝冠，肌肉匀称，其形象比例明显大于其他人物造型。菩萨两道修长纤细的眉毛在印堂处连为一体，低垂的眼睛似乎在下视人间，流露出一副悲天悯人的神情。菩萨周围及身后是持拂者、持乐器者，以及猴子、孔雀等动物，这些构成了整个画面的背景。

阿旃陀石窟中开凿最晚的是第2窟。其廊壁、列柱、天井等处都有壁画，几乎不留空白。洞中两边的小佛龛壁画尤有特色，其人物形象皆为写实手法，对贵族妇女生活的描绘如在目下。洞壁上，鹿王本生、摩耶夫人之梦等佛教故事，内容广泛，情节曲折，引人入胜。尽管经历上千年的沧桑，这些作品依然色彩斑斓，栩栩如生。

除了阿旃陀石窟外，在今中央邦还有一个巴格石窟，也是著名的佛教石窟

第四章 繁花似锦的艺术成果

国王驾船前行图,出自 17 洞穴。

群。其位于巴格河岸的山岩上,原有 9 窟,现存 6 窟,约开凿于公元 5 世纪—公元 7 世纪。同阿旃陀石窟一样,巴格石窟也以壁画闻名于世。由此可见古印度壁画盛况之一斑。不过,公元 7 世纪之后,古印度画师的技艺衰退,其作品水准已明显逊于阿旃陀壁画了。之后,随着佛教的衰落及伊斯兰教影响的扩大,曾经辉煌的古印度壁画艺术也逐渐式微。

　　古印度绘画不仅给我们提供了视觉和精神上的享受,还展示了古印度社会生活的各方面。从这些绘画作品中,古印度形形色色的事物,王公贵族、平民百姓、妇女儿童、英雄武士、天地神祇、诸佛菩萨、灵兽动物、山川草木等都在我们的眼前一一展现。辉煌灿烂的古印度绘画艺术成就是古印度文明的重要组成部分,也是世界文化的重要遗产。

探索古文明 古印度

东西方艺术的联姻

约始于公元前6世纪

在印度的犍陀罗地区,存在着独具特色的艺术,它被世人称为犍陀罗艺术,它是东西方文化交融的产物,既具有印度、中国等东方文化的特点,又具有古希腊、罗马的风格。为什么在印度这一地区会孕育出这样的艺术风格呢?它是如何完成东西方文化奇妙结合的呢?

多民族交融的犍陀罗地区

犍陀罗(意译为"香国")是古代印度16列国之一,虽然在不同的历史时期,它所涵盖的地理位置有所不同,但是大致都在印度的西北部,并且以印度河与喀布尔河交汇处的白沙瓦为中心。因为印度次大陆的地理位置很特殊,三面环海,只有北面的山口可以通往外界。犍陀罗地区就处在内外交通的要道上,只要有外族的入侵,首先占领的地区就是这里,因而很容易受到外来文化的影响。

公元前6世纪,波斯帝国征服了犍陀罗地区,古印度因此开始接触波斯的文化,并且通过波斯这一媒介与古希腊文化发生了接触。在公元前4世纪,亚历山大大帝东征,最后的终点站就是古印度,他于公元前327年侵入犍陀罗,但是因为古希腊士兵厌战思归,亚历山大大帝不得不撤军。亚历山大大帝在古印度的时间虽然短暂,却为古希腊文化进入古印度打开了大门。后来亚历山大大帝的部将塞琉古建立了塞琉古王朝,并且进犯古印度西北部,但被旃陀罗笈多击败,后来塞琉古把自己的女儿嫁给了笈多,与孔雀王朝修好。之后占领犍陀罗地区的是大夏,大夏的巴克特里亚希腊人在口旦叉始罗仿照古希腊城邦的

亚历山大征战雕塑

公元前4世纪,亚历山大率领军队踏上了东方古印度的版图,由于印度人的坚决抵抗和自然灾害,亚历山大很快便撤军。回国后,在他33岁这一年,染上了恶性疟疾,不幸身亡。

模式建了希尔卡普城。在这一时期,古印度文化与古希腊文化开始融合。公元前90年,中亚的游牧民族塞族人代替巴克特里亚人占领了这一地区。塞族人爱好古希腊文化,同时也信奉印度教,这一时期的建筑,呈现出古印度、古希腊和中亚特色相结合的形式。公元25年,帕提亚人又击败了塞族人,成为犍陀罗地区新的统治者。帕提亚人也很热衷古希腊文化,因此在这一时期,这一地区出现了希腊化佛教艺术的形式。在佛教的佛塔中,出现了纯希腊风格的森林之神萨蒂尔的雕像。随后,犍陀罗艺术进入了发展的关键时期,即大月氏人

探索古文明 古印度

> 犍陀罗艺术主要体现在建筑和雕塑两方面。建筑主要是佛塔和寺院。

统治时期。贵霜帝国时期,犍陀罗艺术发展成熟,大月氏人信奉的索罗亚斯德教(拜火教)在艺术中也有所体现。正是因为犍陀罗地区的统治者像走马灯似的更换,带来了不同类型的文化在这里碰撞出绚烂的火花,才孕育出东西方艺术交融的结晶——犍陀罗艺术。

古希腊风格的东方艺术

犍陀罗艺术主要体现在建筑和雕塑两方面。建筑主要是佛塔和寺院。犍陀罗式建筑的柱头多用科林斯式和多利亚式,这是希腊建筑的风格。犍陀罗式佛塔的特点是有方形的基座,有数层,每层上都雕刻着半立雕像及浮雕佛传故事。这种塔的最下层刻着希腊科林斯柱头,每个面上都有佛陀与菩萨像;3层之上是圆形塔,最尖端是相轮。

犍陀罗雕刻的突出特点,是开始直接雕塑佛像。自佛教创立以来,人们对佛祖的礼拜,一直以塔婆、法轮、菩提树等替代。犍陀罗艺术佛像的典型特点是拟人形。这种佛像出现的主要原因在于佛教本身的变革。公元前1世纪,佛教分化出大乘和小乘两派,小乘佛教只追求个人的解脱,大乘佛教则讲究普度众生。小乘佛教恪守无神论,认为佛陀已经涅槃,获得了解脱,不会再以人形出现,因此以其他的形象暗示佛陀的存在。大乘佛教则认为佛陀是神,可以随机应变化身说法,他可以有许多不同的化身。这种思想的改变,再加上希腊人神同形观念的影响,使得拟人化的神的形象出现在雕塑艺术中。

◆ 犍陀罗佛像雕塑

第四章 繁花似锦的艺术成果

犍陀罗佛像的特点是综合了希腊、罗马神像写实的人体和印度佛陀的象征标志。佛像的头部好像太阳神阿波罗，其身着罗马式的宽松长袍，同时呈现"三十二相"的特征，如顶上肉髻、眉间白毫、头上光环等。佛像的手势和坐姿都遵循印度传统的姿势，其中佛陀多数是坐像，菩萨以下的诸门徒侍从，则多数为立像。

佛陀立像的手势一般都是"施无畏印"（保佑印）：右臂向前平伸，右手手掌向前，五指向上，安慰信徒不要畏惧。佛陀坐像的手势一般是"禅定势"（沉思式）和"转法轮印"（说法式）等。犍陀罗佛像的材料一般是青灰色云母质片岩或页岩，颜色幽暗冷峻，更能凸显出佛像庄重古朴的表情。除了佛像之外，还有菩萨像。菩萨是未来的佛陀，是佛陀前世的各种化身。佛陀作为太子时以及未成佛时，都是菩萨。后来又出现观音、弥勒等佛陀其他的化身形式。菩萨比起佛陀更具有凡世之人的特点，因此菩萨像比佛陀像更加生动活泼。

综上所述，犍陀罗艺术是具有西方风格，尤其是希腊风格的印度古代民族艺术，它是东西方艺术联姻的产物，宛如镶嵌在印度艺术史上的一颗明珠，闪耀着独特的光彩。

佛教塑像
贵霜王朝时期的佛像逐渐向丰满雍容的风格发展，特别是孔雀帝国时代发展的犍陀罗艺术对后来的佛教雕刻风格有着很大的影响。

专题

印度人的瑜伽功

远古瑜伽 古典瑜伽 现代瑜伽

当今世界,瑜伽已经成为一种风靡世界的健身术,而且,许多练习瑜伽者都表现出神秘反常的功能,这些功能有很多是科学无法解释的。比如,瑜伽修炼者中有的人能够超出人们常规的生存极限;有的人不仅能够控制自己的体温,还能控制自己的血压和心率。更为不可思议的是,瑜伽功在古老的印度文明产生之初就存在了,也就是说,它经历各个时期的发展变化,承受住了时间的考验,至今仍然有顽强的生命力,这又是一个怎样的历程呢?

远古瑜伽

瑜伽是梵文Yoga的音译,这个词的词根是yuj,与英语中的yoke同源,本意是驾驭牛马,还有获得神力、结合、配合以及联系的意思。这个词也代表了设想帮助达到最高目的的某些实践或者修炼。在古圣贤帕坦珈利所著的《瑜伽经》中,瑜伽准确的定义为"对心作用的控制"。从狭义上看,瑜伽是印度婆罗门教的一个派别;从广义上看,是一种系统锻炼身体的健身理论与方法。

◆修行瑜伽术的印度人

在对印度河流域文明的代表摩亨佐·达罗遗址的考古发掘中，发现了有关瑜伽的最早遗迹。在几枚印章上出现了瑜伽坐姿的男神形象。在一枚皂石所制的印章上，刻着一位男神，他所采取的是瑜伽中的莲花坐姿，周围有各种野兽围坐。男神的两腿之间刻画着勃起的男根。男根即"林伽"，是生殖之神湿婆的象征。有学者推测："在古代印度，将男根的勃起归于'气'的运行，注重以意念调息，从而出现瑜伽。"而这枚印章上的男神所采取的莲花坐姿是瑜伽行法中最基本的姿势，莲花是瑜伽的标志，比喻瑜伽像出水的莲花，永远存在于世界上。可见，在公元前2000年前后，瑜伽就已经出现了。

修行古代瑜伽术的修行者

"瑜伽"一词在中国最早出现于唐朝，玄奘翻译的法相宗经典《瑜伽师地论》中有了"瑜伽"一词。这里的瑜伽是"相应""契合"的意思。在古代印度，瑜伽与宗教、巫术、苦行、健身、医学密切相关，是古印度文化的重要组成部分。

雅利安人进入次大陆以后，他们创立种姓制度。种姓制度以婆罗门教为依据，因此，他们也竭力宣传并给民众灌输婆罗门教的教义。而在这种主流宗教之外，还有一些自由思想家，他们是瑜伽行者、苦行者、圣者等，他们反对婆罗门教的杀生祭祀，提倡非暴力和不杀生。他们都修炼瑜伽，因此，瑜伽并没有因为印度哈拉巴文化的突然消失而销声匿迹，它们又被融入了新的时代。在吠陀时代的重要文献《梨俱吠陀》和《阿闼婆吠陀》中都可以发现瑜伽的踪迹。Yoga一词经常出现在这两部典籍中，而且与瑜伽修炼有关的"苦行""心"以及瑜伽的调息方法都隐现在典籍的某些记载中。如《梨俱吠陀》中记载了7位圣者运用了苦行的方法，实践了苦行的人，是不可战胜的；实践了苦行的人，可以获得天启；实践了苦行的人，可以进入天堂。

古印度的修行者最初以静坐、冥想的方式在山谷中清净苦修,在与大自然为伴的过程中,又摸索出一套有益身心的体位姿势,这便是最早的瑜伽术。

综上所述,这一时期是瑜伽的原始时期,它可能只是一种具体的修炼方法,既没有完整的体系,也没有理论基础,并且和神话传说、原始巫术混杂在一起,使人们相信,修炼瑜伽可以获得神通力。

古典瑜伽

从公元前800年开始,瑜伽进入了发展的前古典时期。这一时期的瑜伽获得了自己的哲学基础。《奥义书》中"梵我合一"的思想体现在瑜伽之中,通过瑜伽中的"冥想"达到这样的境界。瑜伽出现了"六支行法":调息、制感、禅定、执持、思辨和三昧。瑜伽不再是特殊的人所行的苦行,而普遍进入了人们的生活。

从公元前200年开始,瑜伽进入古典时期,瑜伽的地位由异端变为正统。瑜伽的经典《瑜伽经》出现。古典瑜伽包括业的观念,业是烦恼的根源。业有4类:罪人所做的黑业、有道德的白业、行动器官在外部世界所做的业、摒弃一切的人所做的非白非黑的业。通过瑜伽的行法:修炼、离欲、信、勤、念、定、慧,求得解脱。瑜伽8支是禁制、劝制、坐法、调息、制感、执持、禅定和三摩地。禁制和劝制,这是在道德上对修炼者的要求。禁制是消极的美德,有5种:不害、真实、不盗、不淫、无所有。劝制是积极的美德,也有5种:清静、知足、苦行、读诵、念神。《薄伽梵歌》中是这样记载古印度人的瑜伽修炼的:"练习瑜伽时,必须找一个清静的场所,最好是纯自然的环境。练习者铺一些草在地上，然后再覆上一张鹿皮或软布。座位不要太高也不要太低，要设置在洁净的地方。修炼者端坐，控制思想和意识，净化心灵，集中精神。修炼者要将他的躯干、颈和头竖直，然后翘着鼻尖，掩盖所有的外在感觉对象，将双眼和视野集中于两眉之间；谁在进食、睡眠、工作和消遣中有节制，便能够通过瑜伽的修炼，从而减少所有物质的痛苦；瑜伽的境界是摒弃五官的活动，将所有的感官门户关闭，将意念集中于心，将生命固定在头顶上，这样便处于瑜伽的境界中。修炼瑜伽的人，经过瑜伽的练习而使心意超然——摒弃了所有的物质欲望时——他便称得上达到了瑜伽的境界。"

印度17世纪—18世纪的瑜伽行者

总的来说，瑜伽要求修炼者达到一种无欲无求，无知无觉，不受情感和欲望的束缚，心灵超脱的境界。这种思想也为后来的佛教吸收。

现代瑜伽

在19世纪中后期，印度成为英国的殖民地，瑜伽随着殖民地的官员、旅行者和学者传到了欧洲大陆，在欧洲逐渐风靡开来。当代人练习瑜伽，主要就是为了健身，练习者在做瑜伽冥想时，有意识地集中精神控制呼吸，同时无意识地将身体放松，使得身体动作非常柔顺，并且使中枢系统得到调整，强化了内脏器官的功能，调节了内分泌系统，从而让练习者得到健康与长寿。

第五章

捡拾失落的文明

　　古代文明都有各自独特的文明密码,比如金字塔之于古埃及、特洛伊遗址之于古希腊、角斗场之于古罗马。想了解古印度的文明密码吗?那就一起来探秘吧!哈拉巴的奥秘、雅利安人的源流、阿育王的功过,古印度文明的奇趣将在你眼前徐徐展开。除此之外,还有晦涩的梵语、离奇的神话、古老的文学、壮丽的史诗……通过这些,你将了解一个前所未知的古印度。

古印度神话

独树一帜的古印度科技

探索古文明 **古印度**

"哈拉巴"的发现

1826 年

> 印度河是世界上最长的河流之一。但在 18 世纪以前,人们根本没有想到这条藏身于沙漠,人迹罕至的河流曾有过堪与古埃及相媲美的璀璨昨天。印度河文明的发现把印度的历史提前了 1500 年左右。更让人感到神秘的是这一文明在繁荣了七八百年之后突然消失,这不禁会引起人们无限的感慨与遐想。

一波三折的发现之路

这一神秘文明的发现者是谁呢?答案同样令人吃惊:他是一个英国逃兵,叫詹姆斯·刘易斯。不过此人参加军队的初衷就是借机寻古与探险,在到达印度之后,他干脆脱离了军队,开始漫游生活。正因为如此,这位有心人才会在一个偶然的机会揭开印度河文明的面纱。考古发现往往就是如此,得依靠幸运女神的青睐。

1826 年,他在旁遮普地区发现了一片废墟。这片废墟上的砖石城墙残迹,隐隐显露出东方建筑的风格。他的直觉告诉他,这里可能是一座被废弃的古城。他随即在日记中记下了这座古城,并且把它命名为"哈拉巴"。可惜的是,他的这一发现在当时并没有引起人们的注意,使得这一文明又归于沉寂。直到 11 年之后,才有另一人来到此处,不过他却一无所获。在 1853 年和 1856 年,英国的考古队对此处进行了新的勘查,并且确认了刘易斯的看法:这里曾是一座古城。但没有其他的新发现。1857 年,英国考古学家亚历山大·坎宁安来到了

第五章　捡拾失落的文明

换一种舒适的姿势来修行。

🌿 卧姿佛像

佛教文化和古印度的雕刻艺术相结合，就诞生了数量众多的佛像雕塑。

哈拉巴，遗憾的是刘易斯当时所见城墙的遗迹已经被破坏。坎宁安最后只发现了一枚印章，印章是用黑色的皂石（冻石）造的，上面有一头公牛和6个铭文，这就是著名的印章文字。坎宁安最早尝试释读，但是没有成功，只是猜测它们是阿育王时代婆罗米铭文的古代形式。最终这位"印度考古学之父"与幸运女神擦肩而过，他做出了错误的判断，认为这枚印章是外来品，而不是印度本地的产物。因此他放弃了对这一遗址的继续发掘。这样，哈拉巴的遗迹好像再也无法重见天日了。

在巴基斯坦信德省的拉尔卡纳县南部信德沙漠的边缘，是印度河的右岸。这里白日狂风呼啸，沙尘漫天，夜晚寒风习习。多少年来，这里一片荒芜，满目凄凉，尽收眼底的只有一望无际的信德沙漠，一直被当地人称为"死者之丘"。这里就是摩亨佐·达罗。1919年，这座"死者之丘"复活了。英国考古学家约翰·马歇尔的助手巴吉纳在"死者之丘"上发现了一座半圆形的佛塔废墟，没有人知道它是在什么时代修建的。马歇尔率领的考古小组在这里开始了发掘，发现这里有4个不同时期的沉积层。一个时期生活在此处的人们消失后，后来的人们又在前人的遗迹上开始新的生活，因此形成了几个文明沉积层。最新的沉积层的年代大概在公元前2世纪，而最下层的年代要更为久远。更重要的是，在这里发现了3枚皂石印章，而且印章上都有文字。经过鉴定，和在哈拉巴发

探索古文明 **古印度**

现的印章是属于同一时期的。经过陆续的发掘，摩亨佐·达罗的古城遗址最终完全展现了出来。20世纪40年代中期，英国的考古学家采用了"惠勒式"发掘方法，取得了一系列的成果，印度河流域的文明遗址相继获得了全面的发掘。整个印度河流域目前已发现大小城镇遗址200余处，其范围西起伊朗边境，东近德里，北及喜马拉雅山麓，南临阿拉伯海，占地约130万平方千米，呈巨大的三角形状，足可称为古代世界面积最广的青铜文化遗址。这也就是以摩亨佐·达罗和哈拉巴两大城市遗址为代表的哈拉巴文化遗址。

发达的城市与神秘的印章

从各处发现的印章、陶器和有着类似规划的城市遗址来看，哈拉巴文化显然产生于印度本土，经过对出土文物的碳14测定，这一文化存在的时期是公元前2300年—公元前1750年。虽然有许多出土文物帮助人们开展研究，但是，这一文明还是有许多谜团没有被解开。哈拉巴的城市文明达到了相当高的程度。城市的建设规划严整有序，有整齐的街道和良好的排污系统；大的浴室可能是举行宗教祭祀仪式的地方；巨大的谷仓，可能是城市的公共食物储备所；城墙，应该是对外防御的设施。很显然，城市中存在着一个统一的管理机构，市民有公共的生活，并且城市之间可能经常发生战争。那么，这样的文明的创造者是谁？他们的居民属于什么人种？由什么人进行统治？有什么宗教信仰？又为什么会突然消失？

要解开这些谜团，唯一的希望就是释读印章上的文字。但是印章文字本身就像谜一样扑朔迷离。在印度河流域的文明遗址中，总共出土了2000多枚印章，这些印章的材料大部分是皂石，也有赤陶、燧石、象牙、玛瑙、铜等材料。形状一般是正方形，印章的正面一般是阴刻的铭文和凸雕的动物等，背面有一个凸钮可以穿线。据推测，这种印章可能是家族的徽记，或是宗教上的护身符。印章文字虽然还没有公认的解释，但是印章上的图像代表何种意义却可以任我们的想象去驰骋，可能某些思想的火花会为我们揭开谜底提供线索。印度河印章上有很多都是动物的形象，这些动物有现实存在的，也有想象的，或是由各种不同动物的某个部分组合而成的复合动物。在真实的动物中，有大量公牛，在公牛中，又以瘤牛为主，瘤牛就是背上长着驼峰或隆起的肉的公牛，它们代表雄性的繁殖能力。在想象的动物中，最多的是独角兽。复合动物则一般以公牛为主型，然后附以羊、虎、象等动物身体的某些部分。

众所周知，牛在印度是被尊为圣物的，由此可见，这一习俗是有历史渊源的。在远古的时候，印度大陆上的先民可能就有了对牛的崇拜。当然，印章中还有人物的形象，可能是神，而他们一般呈现练瑜伽功的各种姿态。印章上的许多内容可能表现了生殖崇拜——生殖崇拜是很多古代文明共有的特点。印度河流域的这些具有典型本土特点的印章在两河流域的一些考古遗址中也有发现，这就说明，当时印度河流域和两河流域可能已经有了一定程度的接触和交流。

历史档案馆

印章文字

印章文字是古代印度哈拉巴文化的重要标志，已发掘的印章共有2000多枚。这些文字大多刻在石头或陶土制成的印章上，因此被称为印章文字。其中很多符号是象形的，可能还处在象形文字阶段，但又因有表音节和重音的符号，所以也被认为是向字母文字过渡的表音文字。到目前为止，发现的文字符号共有400~500个。其中，基本符号有22个，这些符号一般由直线条组成，字体清晰。在印章上还有雕画，这种雕画和文字是什么关系还不清楚，根据学者推测，这些铭文可能是印章主人的姓名和头衔等，雕画可能是他们崇拜的事物。

探索古文明 古印度

雅利安人

公元前 15 世纪—公元前 8 世纪

古代印度河流域的文明在公元前 1750 年前后突然神秘消失,其后的几百年里,印度的历史基本上是模糊不清的。几百年之后,一批外来者进入了印度河谷,他们征服了原来的土著居民,成为这片土地的新主人,同时也开始了印度历史上最初有文献记载的历史,他们所生活的时代被称为"吠陀时代"。这是些什么样的人?他们来自何方?他们又如何占据了印度次大陆,创造了新的文明?

雅利安人的渊源

"雅利安"在梵语中是"生而自由的""高贵"之意。雅利安种族也曾被种族主义者说成是一个高贵的种族,其实他们是按照语系来划分的。人类的语言可以分成不同的语系,同一语系的语言有相同的词根和语法概念。雅利安语系是其中之一(现在人们所称的"印欧语系"),它包括英语、法语、德语、西班牙语、意大利语、希腊语、俄语、亚美尼亚语、波斯语和各种印度语。雅利安语的所有语种可能都是从最初的原语中分化出来的,当时大概有一些部落在中欧和西亚之间活动,他们相互交融,逐渐使用了同一种语言——雅利安语,人们因此将他们称为雅利安人,所谓天生高贵的雅利安种族在历史上其实是不存在的。

最初这些部落可能在多瑙河和南俄罗斯地区活动,后来逐渐散布到世界各地,伊利里亚、意大利、希腊、小亚细亚等地都留下了他们的足迹和他们所创

第五章 捡拾失落的文明

🌀 **吠陀文献**

这是古代吠陀文献的残卷，吠陀是古代雅利安人生活的记录，同时也是婆罗门教和后来印度教的宗教典籍，信奉吠陀是印度教的重要教义之一。

造的灿烂文明，印度次大陆也包括在内。雅利安人过着游牧的生活，但是他们和我们所知的驰骋在马背上的游牧民族大不相同，最初他们甚至不知马为何物，只是到了很久以后，他们才从别的民族部落引进了马匹。那么他们靠什么来游牧呢？是牛。他们食牛肉，烧牛粪，用牛车，逐水草而生活，另外，他们的移居速度比较缓慢，只有在居住环境发生变化的情况下才迁居。

雅利安人以氏族和部落的方式聚居，通常是一个父权制的大家庭，氏族或部落首领有着特殊的地位。部落的生活以部落首领的大厅为中心，重要的活动都在那里进行：大家在那里举行宴会，看弹唱表演，参加各种竞技活动和比赛。部落内部保留着共产制的遗风，牧地为氏族或部落共有，成员之间也保留着互助的传统。最初的时候，雅利安人的历史没有文字记载，但是他们的弹唱诗人却以口头文学的方式把有关他们的历史流传下来。雅利安人最著名的史前口头文学作品便是《梨俱吠陀》，它经过了1000多年的传诵过程之后，才以文字的方式保留了下来。

探索古文明 **古印度**

因陀罗骑白象，手持金刚杵，为印度教神明，司职雷电与战斗，后被佛教吸收为护法神。

雅利安人征服印度

在公元前 2000 年前后，有一批雅利安人的部落从北部进入了伊朗，后来其中的一支于公元前 1800 年前后进入了印度次大陆。这些雅利安人身材高大，皮肤白皙，长发多须，眼睛湛蓝。他们所说的就是雅利安语中的一支——梵语；而先前在印度大陆的土著居民达罗毗荼人却是黑皮肤、低鼻子，被雅利安人称为"达萨"，他们所用的语言也被雅利安人认为是邪恶的。从外表上看，雅利安人和达罗毗荼人显然是两种不同的人种。因此，雅利安人对彼此进行了区分，这可能是印度种姓制度最初的萌芽。他们自称为雅利安瓦尔那，而称当地原土著居民为达萨瓦尔那，瓦尔那含有"颜色""品质"的意思，达萨则含有"雄者""男性"的意思。这样他们认为自己是高贵者集团，而达罗毗荼人是他们的敌对集团。达罗毗荼人在雅利安人到来之前就已经创造了早期的印度河流域文明，这是一种城市文明。雅利安人过着游牧生活，在流动过程中经常与其他部落发生混战，而达罗毗荼人过着相对文明的安定的城市生活，再加上这两个人种体格上的差异，因此在战争中，雅利安人占了优势。雅利安人不断对达萨人发动战争，经过无数次的战斗，土著居民被征服了，他们的城堡被摧毁，财产遭到了洗劫。雅利安人在《梨俱吠陀》中颂扬他们的战神"因陀罗"时，写道："他使这里的一切事物变化无常，他使达萨瓦尔那臣服，使它灭亡；

他像赢得了赌金的赌徒，拿走了敌人的财产，噢，人们，他就是因陀罗。"他们把自己的战神因陀罗歌颂为"城市的摧毁者""达萨的杀戮者"。雅利安人逐渐成了印度河中上游和恒河上游的主人，达罗毗荼人被迫退往南方，或者沦为奴隶，他们是后来的4个种姓中地位最为低下的首陀罗的前身。

吠陀文明

雅利安人在侵入印度后，创造了与早期印度河流域文明不同的文明。有关他们历史的记录主要保存在《吠陀》的文献中。"吠陀"一词的意思是知识、学问，含有神圣的宗教意味，中国古代曾将这个词译为"明"或"圣明"。《吠陀》是包含有各种知识的宗教文献，又叫作《吠陀经》，它主要指的是早期以《吠陀》为名的文献集以及附录其后的文献，其中有好多优美的诗歌。但它的主要内容是上古时期的巫术、宗教、礼仪、风俗、社会思想和哲学等。《吠陀》的编纂工作是由婆罗门祭司完成的。在古代印度，大型的祭祀活动都是由婆罗门祭司主持的，他们在仪式上要吟唱诗歌和经文。祭司们将自古流传下来的诗歌和经文编纂成《吠陀本集》，作为祭祀活动中必不可少的工具，并用十分严格秘密的方法保存下来，直到19世纪才被人们发现并印成书籍。《吠陀本集》一共包括4部分，分别是《梨俱吠陀》（"梨俱"的意思是赞颂），《娑摩吠陀》（"娑摩"是指祭祀的歌曲，即赞颂歌曲），《耶柔吠陀》（"耶柔"即祭祀，是写祭祀礼仪的书），《阿闼婆吠陀》（禳灾吠陀）。《梨俱吠陀》所反映的时代被称为"早期吠陀时代"（约前1500—前900）。《娑摩吠陀》《耶柔吠陀》《阿闼婆吠陀》产生的年代较晚，被称为"后期吠陀"。在后期吠陀产生的时期，又逐渐出现了解释吠陀经书的文献，有《梵书》《森林书》和《奥义书》。这些文献所反映的时代被称为"后期吠陀时代"（约前900—前600）。"吠陀时代"是雅利安人由部落向军事民主制转变，进而建立国家的社会发展时期。当然，这一过程也是他们由游牧生活转为定居的农业生活的过程。

探索古文明 **古印度**

阿育王其人

公元前268年—公元前232年

在孔雀帝国的历史上，除了孔雀王朝的缔造者旃陀罗笈多之外，还有一个著名的君主，他原先是一位穷凶极恶的暴君，在对羯陵迦的战争中屠杀了数十万人，后来他却突然性情大变，忏悔自己先前的血腥罪行，皈依佛教。他在位期间，大力推广佛教，召集高僧进行佛教的集结，以统一佛教的教义，并且在全国广建佛塔，传说建立了84000座塔。这一切为他的一生增添了传奇色彩，他就是阿育王。

家世

阿育王（意译为"无忧"，前268—前232在位），他是孔雀王朝的第三代皇帝，是印度历史上第一个统一的大帝国的统治者。关于阿育王的祖父旃陀罗笈多（意译为"月护·孔雀"）的出身有许多说法，有的说他出身于一个养孔雀的家族，起于寒门；有的说他出身于刹帝利，属于莫里亚家族，"孔雀"这个名称是从"莫里亚"演化而来的。他是一个非常有魄力的人。他曾出言冒犯了亚历山大大帝，险些被杀，在死里逃生之后，有幸得到了一个叫乔底利耶的人的帮助，起兵推翻了难陀王朝，建立了新的王朝，后来又多次挫败亚历山大大将塞琉古的入侵，并且娶了塞琉古的女儿。他在位期间征服了从兴都库什山到孟加拉湾的广大地区。他的儿子宾头沙罗又征服了德干高原，他们的功业为阿育王统一大业的完成打下了坚实的基础。

在梵文佛教故事集《天譬喻经》中，有一则故事讲的是阿育王的前生：有一天在街上，一个小男孩碰上佛陀在街上行乞，善良的小男孩没有东西可以施舍给佛陀，只好捧起一抔沙土献给他，后来这个小男孩就转生为阿育王。这个故事当然是后人的杜撰，一方面赋予阿育王一种不同寻常的出身，另一方面也在表明他禀性纯善，与佛有缘，乃是佛陀选中的人，那么他后来统一帝国，皈依佛教也就是情理之中的事情了。

实际上，阿育王是在一个帝王家庭中长大的，可以说是他成长的环境造就了他。前面已经提到阿育王的祖父就是一位不同寻常的君主，而阿育王深得祖父的宠爱，接受了祖父严格的培养教育，后来他的父亲又任命他为西部行省的总督。这对锻炼他的能力大有好处，但他却是通过发动政变才登上王位的，关于这一点有详细的史料记载。而且，据说他的父亲不喜欢他，有一次派他去镇压起义时，只给了"唯有四兵，无有刀仗"的"军队"。在他父亲统治的晚年，又有起义爆发，他的父亲派王子苏深摩前往镇压，但是出师不利，父亲急得生病，阿育王乘机挟天子以令诸侯，抢在太子苏深摩回来之前登上了王位。另外也有佛教传说认为他是在父亲死后，杀了99名兄弟姐妹才登上了王位。

暴君

在继位之初，阿育王实行的是暴政，不断铲除轻视他的大臣，借故诛杀宫女，挑选恶人组成"人间地狱"去监视人民，颇似中国明朝的厂卫制度。在人们的眼中，他是一位喜怒无常、暴虐无比的君王。在对外战争中，他又奉行屠杀和掳掠

 阿育王王后画像

探索古文明 **古印度**

🌿 **阿育王出访雕塑**

此雕塑是桑奇佛塔牌楼上的雕塑，一幅幅栩栩如生、活泼灵动的佛教雕刻，正是桑奇佛塔之所以成为当今首屈一指的古文明宝藏的主要原因。

的政策。但奇怪的是，在征服了羯陵迦之后，他的性情又发生了180度的转变。他对自己的罪行进行了忏悔，并说要放弃杀戮性的战争："征服羯陵迦国以后，天爱王（阿育王）便一心致力于践行正法所要求的种种责任。这是由于天爱王对于征服羯陵迦感到了忏悔。""我的儿子和曾孙们将不再把新的武力征服作为值得向往的目标。""在占领羯陵迦之后，朕开始遵从答摩，笃爱答摩，宣讲答摩。征服一个未曾被征服的国家，必然意味着杀戮、死亡和放逐，因此朕对征服羯陵迦人深感悲痛和悔恨。朕而今认为只有答摩的胜利才是最高的胜利。精神上的征服才是唯一真正的征服。"

皈依

为什么阿育王的思想会发生如此大的转变呢？他在诏书中解释为自己受到了一个奇迹的触动，受到了佛教仁厚和平思想的感召。这个奇迹就是：一个佛

第五章 捡拾失落的文明

教的圣人被无故监禁,并且被投到热水锅中,但是水却无法煮沸。这种解释带有神话和杜撰的成分,隐藏在其背后的真正原因是什么呢?联系一下阿育王登基的过程,我们可以得到大致的答案。阿育王的父王并没有直接把王位传给他,阿育王是在用武力打败众多的敌手之后才摘得王冠的。虽然他是王子,但是以这种方式即位,在某种意义上说也是不合正统的,其王位的合法性必然会受到某些人的质疑,在这种情况下,他只能以高压手段排除异己,以巩固自己的统治,这种方式在中外历史中屡见不鲜。征服羯陵迦则是孔雀王朝统一大业的继续,虽然征服必然和杀戮联系在一起,但是对这位君主而言,统一是一项势在必行的事业。而当他帝国统治者的地位确立之后,就必然要考虑以什么样的方式来维持统治。武力高压政策此时已经既无必要也无什么益处了。正如他所说,武力的征服比不上精神的征服,他发现了佛教这一思想利器,因此身先士卒,"放下屠刀,立地成佛"。

阿育王所提倡的"正法",包括"少行不义,多做善事,

我们就是孔雀王朝的"外交天团"。

慈悲、慷慨、真诚、纯洁"等许多内容,其核心是非暴力和宽容。"答摩"的意译就是"法",泛指宗教虔诚精神、伦理道德规范和社会公正准则。阿育王希望把这样的一些思想灌输给国民,以建立一种无形的秩序。

阿育王采取了一系列的措施发展和传播佛教:传说他建造了"八万四千塔",这些塔广泛分布在印度次大陆,分别收藏了8.4万份佛陀涅槃后火化而得的舍利子。他还下令在孔雀帝国的各个交通要道及佛教圣地,竖立了大约30根石柱,上面刻着诏谕,宣扬佛法。现在保存下来的有15根。石柱上面的诏谕明令禁止因祭祀和宴请而杀生,废除狩猎。实际是利用石柱来宣传佛教悲悯众生、关爱生命的精神。他还发展了人和畜的医疗设施,凡是在缺乏益人益兽的药草的地方,派人将它们引入栽培;凡是缺乏药用根和果的地方,也派人引入栽种。他还派人在交通主干道上开凿了许多水井,种了很多树,使路人甚至动物得到便利。公元前253年,阿育王在首都华氏城召集了佛教史上的第三次集结,以统一佛教的教义。他还派遣传教团到西亚、埃及、斯里兰卡和缅甸等地传教,皇室成员中也有人致力于这一事业。因此,在阿育王统治时期,佛教开始从印度次大陆传播开去,逐渐发展为一种世界性的宗教。

阿育王也因此在佛教发展史上享有举足轻重的地位。但是,这位一心向佛的"和平皇帝"晚年境况却十分悲惨,他的第二个王后帝失罗控制了他的行动,并且弄瞎了他的爱子据那罗的眼睛。后来阿育王在一次宫廷政变中被夺了权。从佛教因果循环的观点来看,这也许正说明阿育王曾经所做的恶行最终也逃脱不了惩治吧?不知阿育王皈依佛教的时候,是否想到了这一点:他虽然不断地"积善",却无法抵消曾犯下的恶业,也无法修成正果。

> "在阿育王统治时期,佛教开始从印度次大陆传播开去,逐渐发展为一种世界性的宗教。"

第五章　捡拾失落的文明

阿旃陀石窟内的雕塑——佛陀与跪着的朝拜者

探索古文明 古印度

古印度的梵语

公元前 4 世纪

雅利安人在进入印度次大陆后，创造了全新的文明，这种文明是有文字记载的，他们的历史得以保存在古典文献《吠陀》中。雅利安人自称为"高贵的人"，他们所使用的语言也被称为"雅语"，即梵语中的"吠陀梵语"。它是一种什么样的语言？是由谁创造的？在近代，又是为谁再次解读？它巨大的价值表现在何处呢？

梵语概况与传承

梵语又称雅语，是古代印度的标准书面语，它是上层种姓所使用的语言（民间一般使用俗语）。因为传说此语为梵天所造，故有"梵语"之称。其名称本为 sanskrit，源自 samskrta，意思为"完全整理好的"，也即整理完好的语言。

广义而言，梵语包括3种：吠陀梵语、史诗梵语和古典梵语。而狭义的梵语只指古典梵语。保存下来的梵语文献相当多，是世界上除汉语文献之外数量最多的古代文献。它包括四吠陀——《梨俱吠陀》《娑摩吠陀》《耶柔吠陀》和《阿闼婆吠陀》，大量的梵书、经书、奥义书等；两大史诗——《摩诃婆罗多》和《罗摩衍那》，以及大量古事记。此外，大量的语法书、寓言故事集，以及医学、自然科学等著作也包括在内；佛教的经典，最初是用俗语写成，后来也逐渐梵语化，形成了一种特殊的佛教梵语或混合梵语。佛教的大乘经典部分就是用古典梵语写成的。但在10世纪以后，由于近代印度各种方言十分发达，后来穆斯林又入侵印度，梵语逐渐丧失其实际的优势，仅仅作为古典语而存在。

第五章 捡拾失落的文明

　　Sanskrit 这个词最早见于《梨俱吠陀》，因为它是用古梵文写成的。吠陀是婆罗门教的圣典，同时也只有作为祭司的婆罗门才有资格学习，这和埃及的象形文字为僧侣阶层所垄断差不多。在印度，梵文在很早的时候就是上层种姓所专有的语言了。公元前 5 世纪，波尼尼作了一部梵文文法，奠定了梵文文法的基础。直到现在，梵文写作都要受到《波尼尼文法》的约束。但正因为如此，梵文一直都没有发生太大的变化。梵文不仅仅是一种书面语言，也是一种口语化语言，所以它在印度的所有语言文字中一度占有优势，而且因为它可以运用到日常生活中，所以经历了这么长时间仍没有消亡，而得以保存下来。而埃及的象形文字正因为被祭司阶层所垄断，脱离了生活，一旦祭司阶层衰微，它就很快失传，变成了一种死文字。

　　梵文究竟是由谁创造的呢？唐玄奘《大唐西域记》卷二说："详其文字，

🙠 这是印度教三大神之一克里什那（毗湿奴）未来父母的结婚仪式。新人并肩坐着，祭司一边朗读《吠陀》经文，一边把一种纯牛奶油加在圣火上，使火焰更明亮。

探索古文明 古印度

↱古印度史诗《罗摩衍那》中的场景。"罗摩衍那"意为"罗摩的浪漫"。这是一部抒情叙事诗，由七本书组成，讲述的是罗摩（印度主神毗湿奴的化身）历经磨难救出被恶魔罗伐那拐走的妻子的故事。

梵天所制，原始垂则，四十七言（47个字母）。""梵王天帝作则随时，异道诸仙各制文字。"也就是说梵文是由梵天所创。梵字与腓尼基文字，同属闪族文字系统，这已成为近代学术界的共识。公元前700年前后，印度商人与美索不达米亚地方的人（闪族的一支）接触，将闪族的22个字母传到印度。经过印度人的整理，大约在公元前400年，终于制作出40个左右的字母。公元1世纪前后，北方的梵字逐渐变成方形字体，南方的梵字逐渐变成圆形字体。

梵语与欧洲语系的发现

欧洲人对梵语产生兴趣，始自16世纪。当欧洲的传教士、商人等开始学习梵语后，就逐渐认识到印度的梵语与欧洲的拉丁语、希腊语等语言之间有着广泛的相似性。

在近代，印欧语系历史比较语言学的产生也和梵语研究关系密切，其研究重点是印欧语系诸语言的语音系统。18世纪英国的东方学学者琼斯爵士提出了著名的"印欧语假说"，用以解释印欧诸语言之间的相似性。1786年，他在亚细亚研究会的一次学术讲演中，指出梵语与希腊语、拉丁语的联系。他说："梵语的动词词根和语法形式与希腊语、拉丁语酷似，这绝非偶然。任何考查过这3种语言的语言学家，无不认为这3种语言同出一源。不过始源语言恐已不存于世。同时也有理由假定（虽然理由还不很充分），哥特语、凯尔特语与梵语虽然面目迥异，但与梵语仍属同源，而与波斯语也属同一语族。"这种"始源语言"就是后来人们所说的原始印欧语。

后来，欧洲的语言学家把琼斯的经验性见解提高到科学的论证。德国学者F.博普的《论梵语动词变位系统与希腊语、拉丁语、波斯语和日耳曼语的比较》（1816）第一次把梵语、波斯语、希腊语、拉丁语、德语诸语言同出一源的情况做了详细的考证。琼斯称为"相似点"的现象，到这时已发展为对应关系。德国语言学家J.格林在他的《德语语法》（1819—1837）中提出了印欧诸语的音变定律，这一定律在修正后，使原来认为是例外的现象得到统一的解释。德国学者A.施莱歇尔是历史比较语言学的集大成者，他吸取黑格尔的历史哲学和达尔文的进化思想，写出了《印欧、梵语、希腊语、拉丁语比较语法概论》（1874—1877），是提出语言谱系观的第一人。K.布鲁格曼和B.德尔布吕克合著的5卷本《印度—日耳曼诸语言比较语法概要》（1886—1900）更是这门学科的巨著。可以说，印欧语系比较语言学的产生和发展得益于对梵语的学习和研究。其最大成绩就是对语言之间的亲缘关系有了比较明确的认识，尤其是在印欧语系的谱系分类方面，获得了相当确凿的证据。再有就是有助于人们了解有关原始母语的表现形态和使用地区。

例如，欧洲学者现在一般认为，原始印欧母语起源于黑海以北的地区。在文献方面，现存最古老的直接材料是用可以上溯至公元前14世纪或更早时期赫梯语的楔形文字书写的，而在20世纪初发现赫梯语和释读迈锡尼线性文字B（线性文字A最初由米诺斯人使用，当迈锡尼人成为爱琴海地区艺术和商业活动的垄断者后，就取代了米诺斯人。而线性文字A也被迈锡尼人使用，后来逐渐演变成迈锡尼的"线性文字B"）之前，通常认为用梵文书写的吠陀经典之一《梨俱吠陀》，是印欧语系中最古老的文献。

探索古文明 **古印度**

迦腻色迦王

公元 1 世纪末—公元 2 世纪上半期在位

> 迦腻色迦是贵霜帝国影响力最大的君主，在他统治时期，贵霜帝国称霸中亚、南亚，其势力达到鼎盛。国内生产发展、经济繁荣、文化兴盛。在佛教的发展历史上，迦腻色迦也留下了重要的一笔。

追根溯祖

　　迦腻色迦王是贵霜帝国的第三位国王。这位国王除了显赫的武功之外，使他闻名于世的还有他对佛教的发展做出的巨大贡献。

　　关于他的祖系，可追溯到最早的月氏人。月氏人最早生活在中国甘肃祁连山一带，他们因遭到匈奴人的侵扰，被迫西迁。据说匈奴王曾用月氏王的头颅做饮器，说明他们和匈奴人的仇恨之深。公元前 2 世纪初，他们西迁到现在的新疆西部，赶走了那里的乌孙人，定居在伊犁河流域。此时在中亚由希腊人建立的国家巴特克利亚陷入内忧外患的境地，月氏人趁机越过阿姆河，占领了水草丰美、城市密布的巴特克利亚地区。在此后的 100 年里，月氏人和希腊人、斯基泰人、波斯人以及印度人不断融合，体质面貌发生了很大的变化，他们更接近于白种人的体质和面貌特征。

　　月氏人进入中亚后的 100 年时间里，中亚和北印度处于极度混乱之中。匈奴人、斯基泰人、波斯人以及希腊人在这里频繁更迭政权。游牧民族不断从阿富汗的山口向印度的印度河流域和恒河流域冲击，在北印度建立了一系列小国。这就给月氏人的崛起创造了条件。据《汉书》记载，月氏人在占领巴特克利亚地区并赶走斯基泰人之后，他们有40多万人，共5个部落，分别是休密、双靡、肸顿、都密和贵霜。其中贵霜部落最为显赫，也最为强大。在公元1世纪40年代，贵霜部落出了一位杰出的领袖丘就却，他将月氏5部统一起来，并开始对外扩张。经过几年的努力，建立了一个包括今天吉尔吉斯斯坦、塔吉克斯坦、乌兹别克斯坦、哈萨克斯坦南部以及阿富汗大部在内的一个中亚大国。大约在公元50年，这位野心勃勃的君主开始向印度扩张。他率领军队越过兴都库什山，所向披靡，征服了北印度的犍陀罗地区。丘就却最终建立了一个地跨中亚和北印度的大帝国。这时在整个亚欧大陆上，自西向东的罗马帝国、安息帝国、贵霜帝国以及中国的东汉帝国被并称为那个时代的世界四大帝国。

丘就却死后，他的儿子阎膏珍继承王位，他秉承父志继续在印度进行扩张。他打败了旁遮普地区的沙卡人（斯基泰人和帕提亚人的混合后裔），并将他的势力渗入了恒河流域，最后他又向北占领了克什米尔。印度的文明程度自然高于贵霜人，这就使得贵霜的统治者将重心移向印度，阎膏珍把都城从中亚南迁到普鲁沙普罗。

🍃 佛陀头像

皈依佛教

贵霜帝国的第三位国王就是迦腻色迦。从史书中找不到他的生卒年月，相关的铭文记载也多有出入。他统治的时期在公元1世纪和公元2世纪之交。根据《汉书》的记载,他和前两任国王丘就却、阎膏珍没有血缘关系。而且根据佛教的典籍,他出生于中国的新疆和田。在成为贵霜帝国的国王之初,迦腻色迦并不信奉佛教,而是信奉波斯的琐罗亚斯德教(又名祆教或拜火教),不相信善恶相报的说法。他早年征战四方,挑起对安息的战争,使贵霜在他统治的时期达到极盛,版图也达到最大规模:东跨葱岭,南抵德干高原和印度河,西到伊朗高原,北到咸海。

据佛教典籍记载,迦腻色迦正是受到了马鸣菩萨的教诲,才皈依了佛教。马鸣是佛教史上里程碑式的人物,出生在恒河流域的居萨罗国,属婆罗门种姓,原是婆罗门教的信徒。之后受到佛教学者胁尊者的影响而改信佛教。他建立了大乘佛教的基本思想体系,是大乘佛教的创始人。他对迦腻色迦有着巨大影响,佛教也因此在中亚广为流传。

集结三藏

由于迦腻色迦开疆拓土,沟通了东西方的要道,加上他后来极力推崇、保护和传播佛教,使佛教在他统治的时期达到鼎盛。据说迦腻色迦皈依佛教之后,每天都要请一位佛学家给他讲经论法。但是他听得多了,发现他们各持己见,对佛法的解释也不尽相同,而且甚至矛盾相悖的,这让他感到很是困惑。于是他请来著名的佛学家胁尊者请教谁是谁非,据说胁尊者80岁才出家,3年得正果。胁尊者对迦腻色迦说:"释迦牟尼圆寂很久了,各派严格守卫自家的教义,各不相让,争执不下,确实也没有一个标准来判断谁是谁非。当务之急是重新集结三藏,统一信仰。"迦腻色迦认为此言有理,于是他组织了佛教史上著名的第四次集结。迦腻色迦邀请学识渊博的比丘(和尚)500人在今天的克什米尔一带举行集结大会,由胁尊者主持。在这次会议上,将不同的教义都提出来讨论,重新修订了三藏(尤其是对经、律、论做了细致广泛的注解)。

迦腻色迦崇尚佛法的措施,也极大地推进了佛教艺术的发展。他为了发扬佛法，曾广建佛塔。据说他曾修建白沙瓦大佛塔，并在塔的四方建造四大伽蓝（就是僧院），供养3万比丘。而犍陀罗艺术是迦腻色迦时代文化繁荣的最好佐证（详见《东西方艺术的联姻》）。至今我们还可以从中国的佛教文化中看到犍陀罗艺术的影子。例如云冈石窟中的佛教造像，他们高耸的鼻子和波浪形的头发，都是希腊人的相貌特征，身上披的也是希腊人穿的大褂。不能不说，佛教造像艺术极大丰富了中国雕塑艺术的发展。

王者之王

迦腻色迦发行的货币，不仅有佛像，还有袄教的神、希腊的神以及婆罗门教的神。可见迦腻色迦在推崇佛教的同时，也对其他宗教非常宽容。正是这种明智的政策使他在位期间文化空前繁荣。迦腻色迦的统治方式，也似乎使用了这种"混合"方式。在他发行的货币上，他的称号不仅有"王""大王""王者之王"的印度式称号，也有月氏人对王的称号，更有甚者他还使用过罗马皇帝的称号，而且仿效中国的皇帝，自称"天子"。

1911年，在印度的马都拉附近出土了一尊迦腻色迦的全身雕像。这个雕像高1.85米，但是头部已经缺失。他身穿大褂，脚蹬装饰精美的长筒靴，显然是一个中亚牧人的装束。他一手拿着宝剑，一手拿着剑鞘，显得十分威武。雕像上

迦腻色迦王立像，现藏于印度马都拉博物馆。

探索古文明 古印度

还有梵文的铭文,主要是对他武功的炫耀。另外在他所铸的钱币上,也可以看到他的英武形象:留着长长的胡须,两只眼睛炯炯有神;做出准备格斗的姿势,手持宝剑,昂首挺立;因为是侧身,他那个高耸的鼻子显得尤为显眼。

相传迦腻色迦死于远征北方的途中,是被他的部下暗杀的。由于他对佛教的发展做出了杰出贡献,因此,被后世的佛教徒尊为四大护教转轮法王之一。这个称号可不是随随便便就授予的,要成为护教法王,必须达到佛教徒规定的7条标准,即"七律"。内容主要包括:以法律为根本,用法来治国;对人民进行教化,并有责任保护一切生灵;敬贤,尊重有知识有文化的人,并向他们咨询国家的政策;布施,抚恤社会中的弱势群体;政令要制宜,不能过于偏激;用佛教教义中的"十善"来治理国家;重视生产,使人民丰衣足食。可见在佛教徒的眼中,迦腻色迦这几条都做到了,所以他的事迹被佛教徒广为传颂。

🍃 迦腻色迦王建造的堡垒

古印度神话

约始于公元前 2000 年—公元前 1000 年

世界古老文明都有自己的神话，作为四大文明古国之一的古印度也不例外。古印度人崇拜多神，因此其神话体系纷繁复杂，独树一帜。关于宇宙的起源，古印度神话有两种说法，一是大梵天创造宇宙万物，类似于中国的盘古开天辟地；二是巨人普鲁沙的身体化为宇宙万物。除此之外，古印度由于历史久远，不同时代也产生了不同的神话体系。如早期印度神话、吠陀神话、佛教神话、印度教神话等。

古印度神话已经有了 2000 多年的古老历史，对古印度文化影响深远。印度的许多古典名著经常以神话传说为基础，并且古印度的神话也曲折地反映出古代人民的思想和生活。

创世神话

在古印度神话中，有两种创世说，一种是说造物主大梵天创造了万物。另外一种是说天神普鲁沙人身献祭创造了万物。

传说，混沌初开的时候，水最先被创造了出来，而后，水生火，火的热力在水中产生了一个蛋，它一直漂在水中，后来，造物主大梵天从中诞生了。

大梵天将这颗蛋一分为二，上半部分变成了天，下半部分变成了地，他把大陆放在水中，又确定了东西南北的方向。为了繁衍后代，他生了 6 个儿子，分别是摩里志、阿迪利、安吉罗、布罗斯蒂耶、布罗斯蒂诃、克罗图，他们分

探索古文明 古印度

图为因陀罗塑像，约创作于16世纪，现藏于美国洛杉矶艺术博物馆。因陀罗是古印度最早的大神之一，在早期的印度教中曾被称为"天神之主""雷雨之神"，佛教兴起后成了护法神之一。图片中的因陀罗头戴宝冠，身上装饰种种璎珞，地位显赫。

别出自大梵天的心灵、眼睛、嘴巴、右耳、左耳和鼻孔。摩里志的儿子仙人迦业波创造了天神、妖魔、人类、禽兽以及其他生物。阿迪利又生出了正义之神达摩。

大梵天的右脚大拇指变成第七个儿子，叫达刹。梵天的左脚趾生出了一个女儿，叫妣里尼。她嫁给了达刹，生了50个女儿，迦叶波娶了其中的13个，月神苏摩娶了其中的27个，她们成为天上的27个星座。另外10个女儿许配给达摩。达刹的大女儿蒂提是蒂提耶族的母亲。二女儿禅奴是巨妖檀那族的母亲。海洋之神楼那，雷电之神因陀罗，太阳之神苏里耶是三女儿的儿子。大女儿和二女儿的儿子们被称为阿修罗，三女儿的儿子们叫天神，他们之间为了争夺权力，彼此斗争。

另外一种传说是说巨人普鲁沙身体的各个部分产生了万物。创世之初，天神们以普鲁沙为祭品，他的头、双臂、腿和脚产生了4个种姓的人，而他的理智、眼睛、口腔、呼吸、肚脐分别成了月亮、太阳、火、风和空气。

众神谱系

在古印度神话中，有三位主神，他们是创造神梵天（又名大梵天）、破坏神湿婆（又名大自在天）、转生神毗湿奴（又名妙毗天）。其中湿婆出自梵天的前额，众天神的一切破坏力量和恐怖的特点都集中在他的身上，因此人们非常畏惧他。但湿婆是"仁慈"的意思，这又是为什么呢？因为虽然他会带来疾病和灾祸，但是他对于求饶者一般会给予宽恕。他独自一人住在喜马拉雅山上，掌管着那里的野兽，因此也被称为兽主。

众神都有自己不同的居所：天帝和天族住在天宫及宫外十二城轮；迦楼罗族住在迦楼罗天空三岛；乾达婆族住在乾达婆空中城；紧那罗族与阿朴婆娑族住在紧那罗花园；阿修罗族住在摩诃那三连城；另外还有夜叉山城、罗刹山谷、摩喉罗迦地下宫殿、水下龙宫、陆上牧场和修罗经阁。

探索古文明 **古印度**

> **湿婆像**
>
> 湿婆是苦行之神，终年在喜马拉雅山上修炼苦行，通过最严格的苦行和最彻底的沉思，获得最深奥的知识和最神奇的力量。

婆罗多的故事

  以上算是古印度神话中神的谱系，另外，还有一个优美的神话故事值得一提。有一天，英俊健美、善于骑马射箭的国王豆扇陀到野外去打猎。为了追赶一只梅花鹿，他骑马追到了很远的一个净修林中。在这里，他邂逅了净修林主人干婆的养女沙恭达罗。清纯美丽、温柔娇憨的沙恭达罗仿佛是刚刚开放的莲花，举手投足、一笑一颦都令豆扇陀深深沉醉。一只蜜蜂的骚扰，使两人在演绎了传统的英雄救美故事后一见钟情。经过沙恭达罗两位好友的撮合，两人终于结为夫妻。返宫前，豆扇陀将一个刻着自己名字的戒指作为信物送给沙恭达罗，答应不久就接她回宫。

  不料，神思恍惚一心思念豆扇陀的沙恭达罗无意中却得罪了大仙人达罗婆娑。仙人大怒，发出诅咒，说沙恭达罗的情人一定会把她忘掉。沙恭达罗的女友听到诅咒后，十分焦急，赶紧恳求仙人的宽恕。仙人减轻了诅咒，惩罚是只有国王看到他留给沙恭达罗的戒指时，才会记起他们之间的爱情。沙恭达罗怀孕后，她的养父派人送她到城里去和国王团聚，祝愿她为国王生个儿子做大王。在去王宫的路上，沙恭达罗不小心把国王留给她的戒指滑落到河里。丢失了戒指的她被失忆的豆扇陀拒之门外。

悲愤羞辱的沙恭达罗被生母天女弥那迦接进了天国，在金顶仙山上生下了孩子。不久，一位渔夫捉了一条红色的鲤鱼，发现鱼肚子里有一只刻有国王名字的戒指。戒指被献给了国王。国王得到这枚戒指后，立刻恢复了记忆，如梦初醒，回想起了他和沙恭达罗曾经有过的爱情，后悔遗弃了沙恭达罗。他找人画了一幅沙恭达罗的画像，整天对着画像长吁短叹，以泪洗面。

幸得天神因陀罗的邀请，国王上天讨伐恶魔，并于归途中拜访了因陀罗之父居住的金顶仙山。于是两情人得以重逢，并弄清了事情原委，和好如初，全家高高兴兴回到了王宫。而他们的儿子就是婆罗多，即全印度民族的祖先，也是印度传说中最古老的一个皇帝（转轮圣王）。

历史档案馆

梵天

梵天是古印度最重要的神。梵天也叫作造书天、婆罗贺摩天、净天，是印度婆罗门教的创造之神，与毗湿奴、湿婆并称三主神。梵天的坐骑为孔雀或天鹅，配偶为智慧女神妙音天女，故梵天也常被认为是智慧之神。梵天的传统形象为四颗头、四张脸以及四只手臂，口中不断地诵读《吠陀经》。随着佛教的兴起，梵天被佛教吸纳为护法神之一，在东南亚，尤其在泰国，得到很大的发挥，华人称之为四面佛。

探索古文明 古印度

吠陀的诗篇

约公元前 2000 年—公元前 1000 年

在古印度,有一部内容极其庞杂的书,这就是影响深远的《吠陀经》。古印度的诗歌、音乐、舞蹈、绘画、宗教、哲学、建筑、天文、医学等大多发源于此。"吠陀"一词本义指知识或启示,汉语也译作"明"。雅利安人入侵古印度后,将这一时期的古史传说、神话逸闻等编成《吠陀经》,包括《梨俱吠陀》《娑摩吠陀》《耶柔吠陀》《阿闼婆吠陀》四吠陀,也包含其他的一些文献,由此形成了最古老的古印度文学——吠陀文学。

古印度通行的语言称为梵语,意思是文雅的语言,以和各地方口语的种种"俗语"相区别。梵语中包括早期的吠陀语和后起的规范化梵语。从古至今有用梵语写成的大量文学作品,但在 12 世纪以后梵语古典文学逐渐衰落,重要的作品很少;到近几百年间,各种地方语言的新文学兴起,已经取代了梵语文学的地位。

梵语文学根据它的主要作品可以分为三种类型,也大体符合三个时期的发展规律,即吠陀文学、史诗往世书文学和古典文学。吠陀文学是印度最早的文学形式,它属于宗教文学。"吠陀"一词的意思就是"知识"和"学问",在汉译佛经中称作"明",《吠陀本集》也是印度最古老的经典。吠陀文学指早期的以"吠陀"为名的文献集及其所附录的文献,所用语言较古典梵语古老,语形变化的分歧较多,称为吠陀语,但较晚的文献语言已接近古典梵语。由于物质上的原因,它并不是一代人创作的结果,而是一代一代口传下来的。这些

第五章 捡拾失落的文明

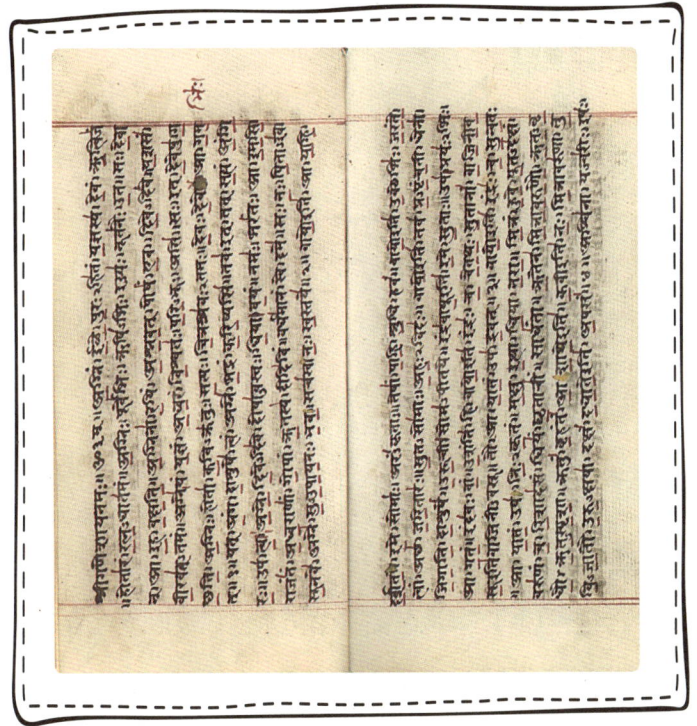

《梨俱吠陀》手稿

《梨俱吠陀》是《吠陀经》的一部分，《吠陀经》是一个庞大的知识体系，是印度最古老的文献材料和文体形式，是印度人世代口口相传、长年累月结集而成的。

文献并不都是文学作品，有不少是记录上古时期的巫术、宗教、礼仪、风俗、社会思想、哲学等活动的文献。虽然如此，这里仍然可以发现很多优美的诗篇，诗趣盎然，内容丰富多彩，具有如《荷马史诗》那样的想象力。

《吠陀经》或者叫作本集，共有四部即《梨俱吠陀》《娑摩吠陀》《耶柔吠陀》《阿闼婆吠陀》。《梨俱吠陀》大约在公元前15世纪编成，是印度现存的一部最古老的诗歌总集。

探索古文明 古印度

古印度的史诗

公元前 10 世纪初

荷马史诗《伊利亚特》和《奥德赛》是西方著名的史诗,而在东方的印度,也有这样类似的文学作品,为人们千古传颂,它们就是《罗摩衍那》与《摩诃婆罗多》。它们集历史、神话和传说为一体,以爱情和战争为主题,故事情节精彩曲折,人物塑造栩栩如生,还传达了当时社会的信息。

《罗摩衍那》与《摩诃婆罗多》是印度蜚声世界的两大史诗。《罗摩衍那》就是罗摩传。罗摩是印度古代的传说人物,后来逐渐被赋予了神话色彩。《摩诃婆罗多》("摩诃"意思是"伟大的","婆罗多"是印度古代一位国王的名字)是一部篇幅庞大的叙事长诗。全诗共18篇,10万余颂,相当于希腊荷马史诗(《伊里亚特》和《奥德赛》)总和的8倍,曾被认为是世界上最长的诗。它们是在几个世纪的民间口头流传的故事基础上发展而成的,是印度人民拥有的巨大而宝贵的精神财富,成为印度后世各类文学艺术创作汲取素材的一个重要来源。

《罗摩衍那》

以罗摩和妻子悉多的悲欢离合为故事主线,表现印度古代宫廷生活和列国之间的斗争,因其间插入了不少神话传说、小故事、自然景色和战斗场面的描写,所以篇幅宏大。故事情节是这样的:阿逾陀城国王十车王有3个王后,生有4个儿子。长子为罗摩,通过比武获胜,娶了弥提罗国公主悉多。十车王年迈,决定立罗摩为太子,继承王位。但他的第二个王后

第五章 捡拾失落的文明

婆罗门教

毗湿奴是婆罗门教三大神之一,有四臂,全身蓝色,常常靠在一条多头蛇身上。毗湿奴的化身有很多,他的妻子是象征财富的女神拉克希米。

受侍女怂恿,竟提出流放罗摩14年和立她的亲生儿子婆罗多为太子的非分要求。由于十车王有诺言在先,不得不应允二王后的要求。罗摩为使父王不失信义,甘愿流放。悉多为了夫妻之情,十车王的小王后亲生子罗什曼那为了兄弟之谊,都甘愿随同流放。他们3人离开都城不久,十车王便抑郁而死。当时,婆罗多不了解内情,被召回举行父亲的葬礼并继承了王位。他得知真相后亲去森林寻找罗摩,让他继位。但罗摩坚持不肯,一定要等流放期满再回去。婆罗多只得带回罗摩的鞋子供在王座上,自己则代罗摩摄政。罗摩3人在森林中历尽艰险。楞伽岛十首魔王罗波那劫走悉多,罗摩与猴国结盟,在神猴哈奴曼及群猴相助下,终于战胜魔王,救回悉多。但罗摩怀疑悉多的贞操,让她投火自明。火神从熊熊烈火中托出悉多,证明了她的贞洁。夫妻团圆,流放亦期满。罗摩回国登基为王,阿逾陀城出现盛世太平的景象。但波折又起,罗摩听到民间又传悉

探索古文明 古印度

罗摩与猴国结盟
罗摩因受父王的二王后嫉妒而被放逐，妻子悉多被魔王劫走，后得群猴帮助，夫妻团聚，恢复王位。

多不算贞女，为不违民意，他忍痛把有孕在身的悉多遗弃在恒河岸边。悉多得到蚁垤仙人的救护，住在净修林里，生下一对孪生子。后罗摩举行马祭，蚁垤安排孪生子与罗摩相会，并向罗摩辩明悉多的贞节，但罗摩仍认为无法取信于民。悉多无奈，向大地母亲呼救，说如果自己贞洁无瑕，请大地收容她。顿时大地裂开，悉多纵身投入大地怀抱。最后罗摩兄弟都升入天国，复化为毗湿奴神。

　　印度教徒把《罗摩衍那》看作圣书，因为罗摩是大神毗湿奴的化身。西方有的学者认为悉多的原型是田地里的垄沟，垄沟象征着农业技术，史诗影射的是农业技术从印度北方传到南方的过程。有的学者则认为《罗摩衍那》是一部战胜艰苦和强暴的英雄颂歌，歌颂罗摩为家族和好、政权安定而做出的自我牺牲，赞扬他支持正义战争，关心平民利益，在奴隶社会中站在平民的一边。他是原始公社制社会解体并向奴隶制社会过渡的历史时期氏族上层阶层的进步势力的代表。但也有学者指出，《罗摩衍那》不是奴隶社会的产物，而是封建社会的。罗摩代表新兴地主阶级，以农业为主，而罗波那代表没落奴隶主阶级。从肤色和家谱等来看，罗摩属本地的原始居民，而罗刹王罗波那实际上是婆罗门，是外来的靠游牧和吃肉为生的雅利安人的代表。因此罗摩与罗波那的斗争实质上是本地的新兴封建地主阶级与外来的从事掠夺的奴隶主阶级之间的斗争，罗摩对罗波那的胜利代表着新兴地主阶级战胜了没落奴隶主阶级。另外还可以看到，书里宣扬的道德信条已相当系统，类似中国汉代的三纲五常的伦理体系，似乎已属于封建社会的意识形态了。所以说，整个一部《罗摩衍那》歌颂的是新兴地主阶级，而且通过宣扬一夫一妻制，强调妇女的贞节等来维护王位继承的纯洁性。史诗中悉多的形象成为贤淑、忠贞的妇女典型。2000多年来，她一直受到印度人民的尊敬和喜爱。

《摩诃婆罗多》

《摩诃婆罗多》则叙述了另一则动人的故事。一个春暖花开的日子，天上8位神仙兄弟，带着他们美丽的妻子们下凡到人间游玩。在一片绿油油的草地上，一只漂亮的母牛带着小牛犊在吃草。母牛有着锦缎般的皮毛和惹人怜爱的姿态。一位神仙的妻子被母牛吸引了，她要求神仙们把母牛带走，她的丈夫知道这是极裕仙人的母牛，劝她放弃这个想法，但她执意不从。最后，在众兄弟的帮助下，他们终于偷走了母牛和牛犊。

极裕仙人是位很有法力的大仙。他回来后发现母牛不见了，运用法力很快就知道了谁是偷牛的人。他发出诅咒：8位神仙兄弟都将降到人间做凡人。极裕大仙的诅咒很灵验，是肯定能变成现实的。8位神仙兄弟非常后悔，他们一齐向大仙请求宽恕。大仙在他们的恳求下，把诅咒减轻了：7位兄弟都必须到人间走一遭，但偷牛的主谋将永远留在人间。8位神仙兄弟又去求恒河女神做他们的母亲，让恒河女神把生下的前7个孩子都扔入恒河，以洗去他们的罪过，重新复活为神。恒河女神被他们的诚心感动，答应了他们的请求，便化作一位美貌的女子来到人间。她娇美的容颜和婀娜的身姿，

探索古文明 古印度

使她得到了人间国王福身王的爱情。

在结婚前,他们订了一个协议:福身王不许问她的来历,不得干预她的行为。沉醉在爱情幸福中的福身王答应了。他们成亲后,生活幸福美满,每年都生下一个俊美的孩子,但母亲每次都将孩子扔入恒河,然后笑容满面地回到丈夫身边。国王极为震惊,但因婚前有约,只好默默忍受,这样延续了7年。第8年生第8个孩子的时候,福身王忍无可忍,终于要制止妻子了。丈夫违约,大仙的诅咒也开始应验了。恒河女神向丈夫讲明原委,带走了小儿子。儿子被送到大仙那里,学习各种知识,练就了各种本领,长大后回到福身王身边,成为英武、博学、善良的人物。国王立他为太子。

福身王失去爱妻后,十几年都闷闷不乐,也没再娶。有一次,他在河边看到一位渔家女子,他要求这位女子嫁给他。但女子父亲提出的条件是要让他女儿生下的儿子继承王位。福身王已将恒河女神的儿子立为太子,无法答应。他又开始郁郁不乐了,太子知道原因后,便要放弃太子的地位,并一辈子不结婚,以此保证渔家女的后代稳坐王位。渔家女终于和福身王结婚了,他们生下花钏和奇武两个儿子。花钏很早就死去了。奇武有两个儿子,一个叫持国,一个叫般度。持国是个盲人,但他有以难敌为首的

历史档案馆

史诗

史诗是一种文学体裁,内容为民间传说或歌颂英雄功绩的长篇叙事诗,它涉及的主题一般包括历史事件、民族、宗教或传说。史诗多以古代英雄歌谣为基础,经集体编创而成,反映人类童年时期具有重大意义的历史事件或者神话传说。史诗是人类最早的精神产品,对我们了解早期人类社会具有重大意义。西方的《荷马史诗》和古印度的《摩诃婆罗多》《罗摩衍那》等都是著名的史诗。

100个儿子。般度有以坚战为首的5个儿子，个个武功出众。持国百子和般度5子从小就产生了矛盾，长大后又开始争夺王位。难敌为了独占江山，经常想谋杀坚战兄弟。有一次他建造了一个涂满树脂的房子，让坚战5兄弟去住。当坚战兄弟住进去后，难敌兄弟便派人去放火，树脂房子最容易着火，一下子就烧得精光。幸好有人报信，坚战兄弟从事先挖好的地道逃脱了。在一次在邻国公主的招亲大会上，坚战兄弟中的一个人，一箭射中远处旋转的鱼的眼睛，他可以娶美丽的黑公主为妻了。但遵从母亲的旨意，他们5兄弟共同娶了这位妻子。

　　黑公主的国家势力强大，有了这样的支持，坚战5兄弟又回国了。难敌又想出一个坏主意，他让坚战兄弟和他掷骰子赌博，条件是输了的一方必须流放12年，在这12年里还不能被认出来，否则又得增加12年的流放。坚战兄弟无奈答应，结果输了，他们只好到森林中去过流放的生活。第13年时，他们乔装打扮，到一个国家的王宫里干活。过了一年，他们派使者回国要求难敌归还他们的一半国土。难敌拒绝了坚战5兄弟的要求。双方终于爆发了战争。难敌和坚战都联络了许多国家做他们的支持者，当时印度半岛上的国家几乎都参加了这场大战——俱卢大战。这场大战进行了18天，死伤无数，难敌的99个兄弟都被杀死，只有难敌一人逃跑了。他躲进一个湖里，用一根芦管呼吸，但还是被坚战5兄弟发现了。他们用语言羞辱他，逼得难敌从湖里冒起来，和他们决斗。难敌寡不敌众，也被杀死了。

　　难敌的战士们决心为难敌报仇，他们夜袭坚战5兄弟的军营，把酣睡的战士都杀死了。幸好5兄弟当时不在，得以幸免。坚战带着兄弟们回国做了国王，想到兄弟家族间的残杀给人民带来了那么严重的灾难，他们心里感到很愧疚。不久，他们把王位交给了孙子，带着妻子黑公主到喜马拉雅山去修道了。最后他们都升入了天堂。

　　《摩诃婆罗多》传达出印度人民对战争的憎恶及对和平的向往之情，为印度后来的文学艺术提供了丰富的素材和资源，它也是世界艺术宝库中的珍品。

探索古文明 古印度

独树一帜的古印度科技

约始于公元前 2000 年

全世界有成千上万种文字，可是有一种数学符号，不分中外，不分老幼，写出来人人都认识，人人都觉得它方便实用，这便是阿拉伯数字。其实阿拉伯数字并非阿拉伯人创造，而是古代印度人发明的，只是由于阿拉伯人将其传播到了欧洲及全世界，因而被误会为"阿拉伯数字"。仅此一点，便可看出古代印度数学之发达。与之相应，古印度人在天文学、医学等科技领域也都有着不同凡响的发现。

古印度具有悠久的科学技术传统，在数学、天文和医学领域，印度民族对世界文明的发展做出了重大的贡献。

古印度数学

传说古印度有一位舍罕王，他的宰相达依尔发明了国际象棋。舍罕王非常喜欢玩象棋，为了赏赐它的发明者达依尔，舍罕王承诺可以满足达依尔一个请求。达依尔对舍罕王说："请陛下在这象棋的格子里摆上一些麦粒，就当作给我的赏赐好了。请在第一个格里摆 1 粒，第二个格里摆 2 粒，第三个格里摆 4 粒……后面每个格里的麦粒数是前一格的两倍。"

舍罕王听了这个要求，心想达依尔的要求也太简单了，就这么点麦粒儿，算得了什么。于是当即便派人去办。

第一格 1 粒，第二格 2 粒，第三格 4 粒……刚开始确实没几粒，可是到了

第五章 捡拾失落的文明

第 20 格，一袋麦子已经不够了。慢慢地，国王的眼睛睁大了，他发现自己真的没法兑现诺言了！如果我们以现代数学方法计算放满棋盘所需要的麦子，你会发现，古往今来的麦子都不够用！

这个故事不知是否真有其事，但它反映了古印度人在数学思维上的不同寻常。

在佛教典籍《俱舍论》中，有这样一系列数字：

十，百，千，万，洛叉（10 个万），度洛叉（10 个洛叉），俱胝（10 个度洛叉），末陀（10 个俱胝），阿庾多（10 个末陀），大阿庾多（10 个阿庾多）……

这个数字系列还远远没有完，最大的阿僧祇那为 10 的 51 次方。事实上，古印度人的大数字早已突破了人类的想象；同样，小数字也突破了人类思维的极限。

有这样大的数字，自然就需要有好的计算方法。早在哈拉巴文化时期，古

🍀 国际象棋是世界上一个古老的棋种，已有将近 2000 年的历史。棋盘为正方形，由 64 个黑白（深色与浅色）相间的格子组成；棋子分黑白（深色与浅色）两方共 32 枚，每方各 16 枚。

探索古文明 古印度

阿拉伯数字

今天我们在数学中广泛使用的 0、1、2、3、4、5、6、7、8、9 共 10 个计数符号最初是由古印度人发明，后由阿拉伯人传向欧洲，之后再经欧洲人将其现代化。人们误以为是阿拉伯人发明，所以称其为"阿拉伯数字"。

印度就已经开始使用十进制计数。相比而言，尽管中国也使用十进制计数，但古印度的有明显不同。首先就是数位法。比如，35964 这个数，中国人就得写成"三万五千九百六十四"，这两者的区别在于印度的数字没有"万、千、百、十"这几个表示"数量级"的字，而是以数字的位置来表示，左边的数字是右边相邻数字的十倍。这个发明不但简化了计数，而且极大地方便了复杂的运算。其次是"0"的概念。还是与中国相比较：同样是十进制计数法，中国以"一、二、三……九、十"这十个数为基本符号，而古印度计数的十个基本符号则是"0、1、2……8、9"。这两者的区别就在于古印度人很早就有了零的概念，而中国没有。在中国古籍中，一个人活了 73 岁，那么实际上他只活了 72 周岁，因为中国人没有"0 岁"的概念；同样，中国古籍中"一百九"则表示"109"。

或许是古印度佛教中有"空"的哲学思想,"0"的概念出现得很早,最初用空位或点来表示,但最迟在公元8世纪,古印度数字的写法就和今天完全相同了。

古印度这种简便的计数法后来被阿拉伯人习得,并传播到欧洲及全世界,欧洲人不明就里,称其为"阿拉伯数字",由此贻误至今。

公元5世纪,最著名的数学家是阿利耶毗陀。他最重要的成就是计算出了圆周率的近似值为3.1416。同时代中国伟大的数学家祖冲之也计算出了圆周率的值在3.1415926与3.1415927之间,可以说阿利耶毗陀与祖冲之代表了当时世界数学的最高成就,他们得出的圆周率值都比希腊人精确,且领先世界1000余年。随后,印度的数学家们又将圆周率的值计算到小数点后9位。

古印度的天文学

由于农业生产和生活方面的需要,印度的天文学也起源很早。古代印度人很早就注意观察天象,并且创立了自己的历法。在吠陀时代,他们将金、木、水、火、土五行星及日、月,合称七曜,将月亮经过的星座划分为27宿。他们将一年定为12个月,每月30日,一年360日,所余时间则以闰月的方法来弥补。《鹧鸪氏梵书》将一年分为春、热、雨、秋、寒、冬六季;还有一种分法是将一年分为冬、夏、雨三季。《爱达罗氏梵书》记载一年为360日,12个月,一个月为30日。但实际上,月亮运行一周不足30日,所以有的月份实际不足30日,古印度人称为消失一个日期。那么一年大

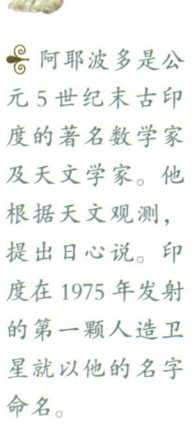

阿耶波多是公元5世纪末古印度的著名数学家及天文学家。他根据天文观测,提出日心说。印度在1975年发射的第一颗人造卫星就以他的名字命名。

你看,数学家也可以有完美的胸大肌。

约要消失 5 个日期，但习惯上仍称一年 360 日。

《吠陀支节录·天文篇》已发现月球公转周期与地球公转周期不能整除，于是用谐调周期来调整年、月、日的关系：一个周期为 5 年，1830 日，62 个朔望月。一个周期内，两个闰月，一个朔望月为 29.516 日，一年为 366 日。公元 1 世纪以前大约一直使用这种粗略的历法。

笈多王朝时期（公元 4 世纪—公元 6 世纪），佛教衰落而印度教兴起。古希腊天文学传入印度，天文学开始蓬勃发展，出现了阿耶波多、伐罗诃密希罗、梵藏等较为著名的天文学家，以及《阿耶波提亚》《五大历数全书汇编》等天文著作，其影响一直延续至近代。

特别是阿耶波多及其著作《阿耶波提亚》，像一颗明星照亮了世界古代天文学。阿耶波多从小就对天文感兴趣。随着知识的积累，他发现世界并不像佛教盖天理论所说的那样。他曾将须弥山顶踩在脚下，但头顶上仍有蓝天、白云，日、月在高远无边的上空照耀，星辰在深邃的天空闪烁。由此，他认为须弥山根本就不是天地的正中央，地球也不是什么宇宙的中心。后来，他又发现了地球的自转，正是由于地球的自转才产生了白天、黑夜的不断更替；月球始终围绕着地球旋转，从而产生月份的更替；太阳是比地球大得多的球体并使地球围绕着它旋转，从而产生年份的更替；原来，地球只是辽阔宇宙的极小一部分。

这样，阿耶波多在思想上彻底推翻了地球中心说。那么，到底是什么力量使地球在旋转呢？为此他苦苦观测、计算、思索了几十年。直到晚年，他终于发现了木星、土星、火星在旋转上与地球一样，都是围绕太阳公转。他发现正是有了太阳，地球才有了光和热。他进一步推测，认为月亮、木星、土星、火星等行星的光热源泉也是太阳。由此，他又正确地解释了月食的成因。

对现代人来说，阿耶波多的这一理论多么眼熟！你肯定觉得这就是哥白尼的"日心说"。没错，这就是日心说，比哥白尼早了 1000 多年的日心说。可惜近代以来，由于欧洲学术的强势，掩盖了古印度天文学这一伟大的发现。

古印度医学

作为文明古国，古印度医学的起源也很久远。最早可以追溯到公元前2000年的吠陀时代，那时就已经有关于药用植物的记载了。

在古印度，早期的医生都是由婆罗门祭司兼任的。那时正处于巫医时期，人们认为只有祭司与神最接近，所以只有他们才能为众生解除病痛。后来，随着医学的发展，渐渐地出现了一批专门从医的人，他们的工作经验和实际操作技术都要好很多。久而久之，医生就独立出来了，但与此同时，医生的地位也就从最高层婆罗门降到了吠舍。

古印度的医学体系被称为阿育吠陀，意为生命知识。其中有关于健康与疾病的三体液学说。这三体液是气、胆及痰，又称三大。古印度人认为三者必须均衡才能保持人体的健康，一旦紊乱，人就会患各种疾病。后来，人们又加入了7种成分，即血、肉、骨、精、脂、骨髓和乳糜（消化的食物），认为这7种成分均来源于食物。还有人并入了排泄物：尿、粪、汗、黏液、发爪和皮屑。这样就形成了一个较为完整的理论体系：一切疾病皆来源于体液、身体成分和排泄物的紊乱。

印度医药学体系涵盖了生理（含解剖）学、病因病理学、诊断学、治疗学、药物学和养生学等多方面，内容完备而丰富。印度药物学中涉及的药物（包括植物、动物、矿物）达2000多种，药物的剂型包括汤剂、散剂、丸剂、油剂等多种形式。值得强调的是，古代印度医学的眼科和外科很发达，超过了同时期的其他医学体系。

古代印度医学有很强的影响力，影响了周边许多国家和地区。总体来说，古印度数学、天文学、医学的成就在世界范围内虽说不上特别博大精深，但也自成一体，并且深远地影响了世界其他地区科技的发展，尤其是阿拉伯数字在全球的广泛应用，给全世界带来方便的同时，更是直接促进了现代科技的不断发展。

"探索古文明"
古印度

选题策划：陈丽辉
项目统筹：韩　飞
文字编辑：李国斌
封面设计：周　正
版式设计：蒋碧君　罗筱玲
美术编辑：苟雪梅
图片提供：视觉中国
　　　　　全景图片库
　　　　　美国纽约大都会艺术博物馆
　　　　　美国洛杉矶郡美术馆
　　　　　美国波士顿艺术博物馆
　　　　　英国不列颠博物馆
　　　　　日本东京国立博物馆
　　　　　法国罗浮宫博物馆
　　　　　意大利佛罗伦萨乌菲齐美术馆
　　　　　荷兰阿姆斯特丹国立博物馆